YINGSHANGHUANJING PINGJIATIXIYANJIU
YILIAONINGSHENGWEILI

营商环境评价体系研究
——以辽宁省为例

郭 薇 等著

上海三联书店

前　　言

　　优化营商环境是市场经济健康发展的需要,也是我国深化体制改革的必然趋势。在党的二十大报告中,习近平总书记明确指出:"完善产权保护、市场准入、公平竞争、社会信用等市场经济基础制度,营造市场化、法治化、国际化一流营商环境"。[①] 2023 年 6月 2 日,国务院总理李强主持召开国务院常务会议时也强调:"要把打造市场化、法治化、国际化营商环境摆在重要位置,进一步稳定社会预期,提振发展信心,激发市场活力,推动经济运行持续回升向好"。[②] 党的十八大以来的十余年中,党中央不断完善营商环境建设的顶层设计和构建蓝图,为各地区落实营商环境制度政策提供了基本遵循。近年来,辽宁省委、省政府把营商环境作为事关

---

　　① 习近平:《高举中国特色社会主义伟大旗帜 为全面建设社会主义现代化国家而团结奋斗——在中国共产党第二十次全国代表大会上的报告》,《人民日报》2022 年10 月 26 日第 1 版。

　　② 中国政府网:《李强主持召开国务院常务会议 听取优化营商环境工作进展及下一步重点举措汇报等》,https:∥www. gov. cn/yaowen/liebiao/202306/content＿6884318. htm,2023 年 6 月 2 日。

振兴发展全局的重大问题来抓。2016年,辽宁省在全国率先出台了国内首部省级《优化营商环境条例》。2021年末,辽宁省又首创省级法治化营商环境评价指标体系——《辽宁省法治化营商环境评价指标体系(试行)》。目前,辽宁省的营商环境已经实现根本好转,营商环境建设工作走在国家前列,为推动实现辽宁全面振兴新突破提供了有力保障。

2022年2月,中国社会科学院财经战略研究院与中国社会科学出版社在北京共同发布中国社会科学院财经战略研究院创新工程重大成果《中国城市竞争力报告No.19——超大、特大城市:健康基准与理想标杆》,对2021年中国291个城市的营商硬环境竞争力进行了分析。①

由此可见,尽管为营造良好营商环境,辽宁省开展了大量的改革,但离"发展环境最优省"的最终目标尚有一定距离,辽宁省营商环境仍有进一步改进空间。一个地区经济是否有活力主要看当地民营经济发展情况,而民营经济能否得到良好发展则与一个地区的营商环境密不可分。可以说,营商环境问题是掣肘辽宁省当前和长远发展的基础性、战略性问题,必须下大力气着力解决,而在最短的时间、最大可能解决这一牵涉面甚广的复杂问题的抓手在于"评价体系"。

评价体系实际上就是建设体系、改革体系,是推动我省各市、县(区)营商环境建设和配套改革最直接、最具体的指导性工具,其

---

① 中国社会科学院财经战略研究院:《中国城市竞争力报告No.19:超大、特大城市:健康基准与理想标杆》,http://naes.cssn.cn/cj_zwz/cg/yjbg/csjzlbg/202111/t20211104_5371703.shtml,2021年11月4日。

完善性、科学性直接决定了营商环境建设工作的整体效率和效能，也会间接影响辽宁省在全国、全世界的营商环境排名，具有十分重要的意义。"营商环境评价体系"研究属于典型的以"小切口"解决"大问题"的研究，辽宁省"营商环境评价体系"该怎样设计，包括哪些内容，遵循怎样的价值规则、逻辑判断、方法论基础，如何与国际、国内标准进一步对标，多久更新一次，是否需要设置替换性、备用性指标等问题都十分有必要进行深入研究和设计。

为更好地对辽宁省营商环境评价体系进行研究，本书设定四大板块的内容，包括世界银行营商环境指标体系的新变化及价值逻辑、中国国家及先进地区营商环境评价体系的具体内容和实践做法、辽宁省营商环境评价体系的优化与设计、辽宁省营商环境评估机制研究。

目　　录

第一章　世界银行营商环境指标体系的新变化及价值逻辑

2003 年世界银行发布了第一份营商环境报告,因其覆盖面广,发布周期稳定,评估内容相对客观量化,《世行营商环境报告》已经成为国际影响力很大的全球性公益产品,对全球投资、国际贸易和营商环境的改善产生了重大积极作用。但是,由于世界各经济体制度、文化、发展水平千差万别,世界银行以一套评估标准来判断 191 个经济体的营商环境,必然会有一定的局限性。尽管世界银行的评估指标体系力求可量化、可比较、可竞争及可改进,以保证其科学性,但随着这种内生的局限性不断扩大,很难避免发生重大事故和风险。

2020 年 8 月 27 日,世界银行发表声明,确认营商环境报告发生数据违规行为。2021 年 9 月 16 日,世行决定停止运营相关数据和营商报告。2022 年 2 月 4 日发布新项目营商环境评估体系说明。至此,运行了 17 年的营商环境 Doing Business(DB)项目已经结束,宜商环境 Business Enabling Environment(以下简称

BEE)新项目宣告开始,这标志着世行对全球商业环境的评估进入了新阶段。我国现有的本土指标体系大多都在世行营商环境报告的基础上展开,所以在当前新发展格局下对世界银行营商环境指标体系的动态加以掌握,并据此调整本土指标体系尤为重要,本部分笔者将对世界银行营商环境指标体系的新变化进行分析,将宜商环境指标与世行营商环境指标进行详细对比,并根据其内容的变化提出对我国营商环境发展的启示。

一　世界银行营商环境报告概述

（一）世界银行营商环境报告概况

世界银行对营商环境的研究可以追溯到 20 世纪 80 年代,由于条件限制,当时的研究并不完善,为更好地开展研究以便为全球提供改革可借鉴的经验,世界银行成立了营商环境报告(Doing Business,DB)小组,DB 小组假设一个标准化案例场景,设计量化指标,最后搜集与处理指标数据,根据计算结果排名,同时营商环境报告还会对其指标体系的变化及一些经济体的改革情况进行说明,到 2020 年已经发布了 17 份报告。

在这个过程中,我国众多学者在报告的基础上展开研究,研究范围各有差异,有部分学者针对法律、税务等专门领域进行细分化研究,研究成果丰富,为我国制度改革奠定了良好的基础。然而 2020 年 6 月有内部报告称 2018 年和 2020 年《营商环境报告》数据违规,世行管理层暂停了下一期《营商环境报告》,并发起了一系列对报告及其研究方法的审核和审计。2020 年 12 月 16 日,世界银行发布官方声明,宣布结束调查,更正相关数据,并陆续公布本次调查的系列文件。其数据违规涉及国家主要是阿塞拜疆、沙特阿拉伯、阿联酋和中国,主要涉及违规的报告是这几个国家的2020版本。

（二）世界银行营商环境报告的优势与局限

1.营商环境报告的优势

（1）针对性和跨国可比性

2003年,世行发布第一份《营商环境报告》,正如前文所提到过的一样,在此之前,开展研究使用的是人们对营商环境主观感受的数据。这类专家调查或企业调查的重点是总体营商环境,通常反映的是企业经营过程中的直接感受,这些调查往往缺乏《营商环境报告》所具有的针对性和跨国可比性。2005年以来的营商环境报告按营商便利程度对经济体进行了排序,排名越靠前,说明营商环境越好。计算方法主要采用"前沿距离法","前沿距离"是与2005年来各个指标曾达到的最优水平的距离,100为最优,0为最差,某经济体的分数是对其与最佳表现经济体的"前沿距离"的测算。2015年改变了排名方式,开始采用综合排名,排名的成绩由一级指标和二级指标(部分存在三级、四级指标)距离前沿水平的分数共同决定。这样计算得出的营商便利度,能够反映出各个经济体历史上在各个指标上绝对改进或者倒退的程度。每个大指标的数值由其二级指标的平均数构成,十个大指标值的平均数即为经济体综合分值。因此,各级指标在同等级上的权重基本一致。

从针对性看,《营商环境报告》考察位于每个经济体内最大商业城市的中小企业,衡量本地企业面临的营商法规,重点关注那些非常明确的步骤、法规和制度,而不是那种关于营商环境的一般性和基于主观感受的问题。在跨国可比性方面,《营商环境报告》是在标准化案例分析的基础上形成,选择全球经济体企业在实际经营过程中均要经历的生命周期作为指标体系,经过量化处理,各国之间存在可比性。

（2）改革的借鉴性

《营商环境报告》的创立初衷是为营商环境的改善与发展提供相对客观的依据,《营商环境报告》并不能告诉我们对国内企业监管所需了解的所有事项,但报告中的指标涵盖了比总体监管环境更容易衡量的方面,而且能够就这些方面需要进行改革提供重要信息。对我国而言,我国营商环境改革的本土化指标大多建立在世行的基础上,也有学者认为我国可以在此基础上针对一些重点的领域进行改革,突出中央层面战略设计对国际治理规则与地方政府创新的回应性,推进国家治理体系和治理能力现代化。[①] 有数据显示世行营商环境报告推动全球 190 多个经济体进行了高达 3000 项改革,其改革的借鉴性不言而喻。

（3）透明性

世界银行每年都会发布营商环境报告,将指标体系的内容、计算方法,数据收集的路径以及国家排名的依据等信息进行公开。此外,世界银行建立了专门的网站以免费下载最新的报告,而且可以获取地方报告。如 2008 年《中国营商环境报告》,同时会对世界

---

① 宋林霖、何成祥:《优化营商环境视阈下放管服改革的逻辑与推进路径——基于世界银行营商环境指标体系的分析》,《中国行政管理》2018 年第 4 期。

各个经济体营商环境改革进行说明,研究者可以获取任何经济体十大指标的相关数据进行研究。此外,网站附录各个指标选取时的参考论文,对实务部门和研究者进一步理解指标体系具有重要的辅导作用。

2. 营商环境报告的局限

(1) 范围的局限性

第一,营商环境报告并不考察商业环境对企业或投资者有影响的所有方面,也不考察影响竞争力的所有因素。世界银行曾致力于通过促进跨国投资来帮助发展中国家繁荣经济,[①]但随着对各发展中国家经济发展模式的深入了解,世界银行研究发现,投资项目虽能在短期内激发经济,但是,要想实现一个国家经济的稳步发展,主要依靠稳定而巨大的私营部门体系。至于如何推进私营部门发展,是以往的评估实践未曾注意到的问题。因此,世界银行在评估过程中,去除了影响投资活动的诸多要素,[②]例如,该报告并不考察以下要素:安全、腐败、市场规模、宏观经济稳定性、金融体系现状、居民的劳动技能或基础设施的质量。此外,该报告也不重点分析针对外国投资的具体监管规则。

第二,虽然营商环境报告注重监管框架的质量,但并不是面面俱到,因此不包括各经济体的所有监管规则。随着经济和技术发展,经济活动的更多领域正受到监管。例如,欧盟集合法律的内容现已增至多达 14500 个规则组合。营商环境报告通过 11 个具体

[①]　Robert L Rothstein, *Global Bargaining, UNCTAD and the Quest for a New International Economic Order*, Princeton: Princeton University Press, 1979.

[②]　鲁楠:《法律全球化视野下的法治运动》,《文化纵横》2011 年第 3 期。

的指标集考察了企业存在周期内的 11 个方面。这些指标集不包含关注领域的所有监管方面。例如,开办企业指标和保护投资者指标不包含商业法的所有方面。雇用员工指标不包括劳工法规的所有方面。又如,目前的指标集不包含衡量针对工作场所安全状况或集体谈判权利的监管规则的指标。

（2）只依据标准化案例的场景

对营商环境报告指标的一个重要考虑是它们应确保全球各经济体之间的数据可比性。因此,这些指标是根据有特定假设的标准化案例的场景设计出来的,其中一个假设是企业所处的地点是所在经济体的最大商业城市。现实中一国内部各区域营商法规及执行往往存在差异,联邦制国家与大型经济体之间表现得尤其明显。但如果要对营商环境报告所覆盖的 190 个经济体的各个行政区都搜集数据的话,成本就会极为庞大。营商环境报告也注意到了这个弊端。但是使用这些假设虽然意味着结论的普遍性受到影响,但这有助于确保数据的可比性。正是由于这个原因,在经济指标的考察中设立这种限制性假设是一个常用做法。比如,通胀数据通常基于几个城市地区消费品的价格,因为对很多国家来说,频繁收集具有全国代表性的价格数据成本太高,难以负担。为反映每个经济体内部不同地区营商环境的差异,营商环境报告已对某些既有资源、也有兴趣开展地方性研究的经济体进行了这类研究,以此对全球性指标加以补充。营商环境报告的某些议题包括了复杂且情况迥异的一些领域。在这些领域,我们对标准化案例及各种假设进行了认真考虑和周密界定。例如,标准化案例通常是关于一个有限责任公司或者法律地位与之相当的企业。作出这一假设是出于两个考虑：一方面，从现实情况来说，私营的有限责任公司是世界上很多经济体中最为普遍的企业形式；另一方面，作出这一选择反映了营商环境报告以扩大创业机会为重点的思想，如果企业的潜在损失只限于投资者的资本参与，这就有助于鼓励投资者创办企业。①

（3）只限于正规部门

营商环境报告指标假定企业家了解并遵守适用的法规。在实践中，企业家不一定了解需要做些什么或是怎样来遵守有关规定，可能会为了解这些情况花费大量时间。也可能他们故意避免遵守相关法规，比如他们可能不进行社会保障登记。在监管法规负担越重的地方，非正规化的程度往往就越高。经济中非正规部门比例过大会产生不良后果。与正规部门的企业相比，非正规部门的企业通常增长较慢，更难获得信贷，雇用的工人数量较少，而且这些工人不受劳动法规的保护。根据国别研究来看，对有女员工的企业来说，这些问题会更加严重。

二　宜商环境评估的新指标体系

（一）宜商环境评估的价值标准

宜商环境可以定义为不受企业控制的，对企业整个生命周期产生重大影响的一系列外在条件。宜商环境的范围覆盖面很广，影响宏观经济及微观经济稳定发展的规章制度均包括在内，但在

---

① 宋林霖：《世界银行营商环境评价体系详析》，天津人民出版社 2018 年版，第9页。

BEE框架下的评估,将重点关注微观经济层面的监管框架和公共服务水平,不涉及宏观经济研究。宜商环境(BEE)的指标选择遵循以下标准:

1. 相关性。基于广泛的经济研究,每个选定的指标正如前面定义的那样,已经证明有助于私营机构的发展。

2. 增值性。针对现有数据水平,每个指标都应该有提升空间。BEE通过形成覆盖全球且具有可比性的专门数据集来帮助提升相应的指标水平。例如,通过研究现有指标的新领域或从新的角度研究它们,从而提升指标水平。

3. 互补性。只有全面的微观经济改革才能对生产力及其增长产生实质性影响。因此,BEE将以企业的生命周期为主线,研究一系列相互补充的指标。只有在对所有经济体的这些相关因素进行评估之后,才能确定和解决具体国家的约束因素。

(二) 宜商环境指标设计原则

BEE项目的目标是推动经济改革降低制度交易成本。从商业环境角度评估,这个成本是企业从设立到清算终止的全生命周期中,在经营活动中为制度与公共服务所付出的时间和金钱的总和。

BEE每个评估指标的设置将遵循以下原则:

1. 全面性原则。法规层面指标分析基于法定法规、法律和法理的商业环境,而事实层面指标分析基于私营机构所遵循的法规和政府服务在实践中是如何实施的。BEE的每个主题领域将结合法规层面指标和事实层面指标,以便对商业环境进行更全面地评估。

2. 广泛性原则。BEE 的一些指标可能更侧重于从单个企业的角度评估商业环境(例如公用设施接入效率的指标)。另一些指标可能更侧重于从整个私营机构角度评估商业环境。后一组指标将考虑市场参与者之间的机会平等,以及整个私营机构的增长和可持续性,而不局限于单个企业的利益(例如公用设施接入的环境条件)。

3. 代表性原则。指标应被视为一组合理的、具有代表性的指标,涵盖商业环境中最相关的领域和日益突出的问题(例如数字技术应用和处理)。由于这将超出团队的资源范围,且可能不具有成本效益,因此报告将不会完全穷尽这些指标方面的内容。此外,这些指标将仅限于商业环境条件,而不包括这些条件的最终结果。企业和市场的产出是不同变量的综合结果,包括需求和供给因素。因此,它们超出了 BEE 的评估范围。

4. 可量化原则。BEE 将把重点放在可以在各国之间以客观、可比方式进行衡量的指标。BEE 希望采集原始数据,因此指标的设计应使其能够通过专家咨询和企业调查相结合的方式进行收集。指标也应该是具有实践性的,能够通过政府政策进行改革。指标应尽可能集中于有既定"最佳实践"的领域,以便进行比较。

(三)"比较视角"下指标差异分析

同 DB 型比较,BEE 评估体系指标发生较大变化,具体指标见表 1-1:

表 1-1　DB 与 BEE 指标对比

营商环境一级指标（DB）	宜商环境一级指标（BEE）
开办企业	企业准入
办理建筑许可	获得经营场所
获得电力	公共服务连接
登记财产	劳工
获得信贷	金融服务
保护中小投资者	国际贸易
纳税	纳税
跨境交易	争端解决
执行合同	促进市场竞争
办理破产	办理破产
劳动力市场监管（观察）	数字技术（跨领域）
政府采购（观察）	环境可持续（跨领域）

1. 数量调整

（1）删除"保护中小投资者指标"

BEE 一级指标同 DB 一级指标相比较，在总量上都是 10 个，没有变化。但在内容上有一定变化，变化之一便是 BEE 取消了 DB 中的保护中小投资者指标，"保护中小投资者"指标，包含"纠纷调解指数"与"股东治理指数"两个二级指标，前者度量了利益冲突时中小持股者所受保护程度，后者是对公司治理结构下股份持有人权益的测度。

2009 年 DB 首次将该指标纳入评估，但是表述为"保护投资者"，2015 年该项指标被确立为"保护少数投资者"，其原因也许在于保护投资者，特别是少数投资者利益的重要性，有必要衡量少数投资者保护情况，进而需要将保护少数投资者作为指标之一纳入评估范围。① 在我国,根据《深圳证券交易所上市公司规范运作指引(2020 年修订)》第 2.2.7 条规定,中小投资者是指除公司的董事、监事以外的投资者、高级管理人员和单独或合计拥有公司全部或更多股权的股东之外的人员。② 在投资市场上,中小投资者占主体地位,但其抗风险能力与自我保护能力较弱,合法权益容易受到侵害。加强对中小投资者知情权、参与权、收益权、监督权等权益的保护有利于提振投资者的信心,有利于资本市场的健康发展。也有研究者指出当投资者保护不足时,公司治理倾向于运用保护强权的原则,引诱实际拥有大权的股东集中投资,以利用金字塔结构的财富扩张效应,通过隧道或寻租等方式获得私人控制利益。③笔者认为"保护中小投资者指标"的删除并不意味着对中小投资者的保护缺失,BEE 在"劳工""促进市场竞争"和"争端解决"等方面都强调从制度层面上进一步加强对投资者的保护。

(2)增加"促进市场竞争指标"

宜商环境评估秉承"公平高效的市场竞争是市场经济的生命"原则,单独设立"市场竞争"指标,其不仅涵盖了原有的政府采购指标内容,同时新增了更广泛公平竞争的指标。在评估内容方面,涵盖市场竞争行为及政府采购两个方面,从监管框架、公共服务、实施效率三个维度进行评估。公平有效的市场竞争可以促进生产率

---

① 孙悦、余长江:《世界银行营商环境评价解析与应对——以"保护少数投资者"指标为研究对象》,《西安财经大学学报》2021 年第 6 期。

② 深圳证券交易所网站:关于发布《深圳证券交易所创业板上市公司规范运作指引(2020 年修订)》及有关事项的通知,http://www.szse.cn/disclosure/notice/general/t20200612_578379.html,2020 年 6 月 12 日。

③ 刘启亮、李增泉、姚易伟:《投资者保护、控制权私利与金字塔结构——以格林柯尔为例》,《管理世界》2008 年第 12 期。

提高,技术创新和成本下降,进而带动就业。提升质量和促进经济增长,社会财富增加。正如艾哈德所说:二战后,德国经济的恢复和增长,主要靠来自竞争的繁荣。但竞争很少完美,经常会有市场失灵。[①] 因此,一方面需要政府干预,用法规和公共服务保障公平竞争,用执法保障竞争秩序。另一方面也要防止政府过度干预、限制、扭曲市场竞争,甚至行政性垄断。科学评价市场竞争的有效性,需要系统分析。

BEE 在新设的市场竞争领域使用三套指标。

第一,促进市场竞争的法规质量。该指标包括两个方面。一是竞争法规的质量,包括反垄断法规及实施情况,公平竞争的法律保障,合并审查、消费者保护、执法质量等;二是公共合同招投标法规的质量,特别是政府采购的法规,实施的公平性、透明度、信用和促进竞争的良好实践等。

第二,促进市场竞争的公共服务是否充分。主要涵盖两个方面内容。一是竞争法规执行的体制框架和质量。拥有竞争主管机构对营造公平竞争环境至关重要。该机构要具有专业性、独立性、资金经费、人员配备以及同跨部门机构,甚至跨国机构的相应合作。竞争法规、反垄断法规规定的完备性及执行的有效性、透明性、制裁反竞争的力度都在评估之列。二是电子采购平台的透明度和交易功能。电子交易有利于新公司进入市场,节省时间、提高效率、提供公平竞争的平等机会。

第三,促进市场竞争的关键服务的效率。包括四个方面内容。

---

① 陈亚温:《艾哈德的经济理论与实践》,《经济研究》1985 年第 12 期。

一是竞争主管部门和政府采购在提供公共服务方面的效率。有效简化合并审查,使用简化程序、缩短流程、减轻企业负担。二是政府采购、招投标时间。三是政府采购付款日期。四是市场活力与竞争行为。包括纵向、横向的竞争能力、定价能力、更换公共事业供应商的便利性等。

(3) 增设两个跨指标主题项

与 DB 的观察指标不同,BEE 增设了"数字技术"和"环境可持续"这两个跨主题指标,这两个主题不局限于某个单项指标而是所有的指标都会涉及到,毫无疑问这两个指标是紧跟时代发展的,大数据时代的到来,早已使得众多学者看到"数字化营商环境"的重要性,这点我国已有一部分学者在世行指标的基础上增设对于数字化营商环境的考察,对于 BEE 来说,数字技术的应用和环保、可持续发展是考察重点,对于数字技术应用指标,BEE 将着重考虑线上综合办事平台的应用以及电子化窗口的建立。而对于环境可持续性指标将考虑是否设置了环保相关的许可证件以及是否有绿色环保相关的税务激励措施。

2. 内容调整

(1) 从"开办企业"到"企业准入"

开办企业。"开办企业"是 DB 的十大评估指标之一,其理论来源于《准入监管》(The Regulation of Entry)这篇著名文章。这篇文章对开办企业阐明了两种看法:第一,公共利益理论。一是公共利益理论。该理论赞成加强市场准入监管,因为不受规制的市场会由于其自然垄断或外部性而经常失灵,政府应当加强准入监管来实现保护公众的目的。另一个是公共选择理论。又分为"捕获理论"和"收费亭理论"。前者认为,更严格的准入规则提升了准入门槛,阻止了竞争者的进入,从而形成了行业从业者更强的市场支配力,而不是更大的消费者利益。后者认为,行政许可和管制存在的重要原因是为了授予官员拒绝的权力来收受贿赂,从而作为提供许可的回报。因而,严格市场准入是效率低下的,并非最优选择。世行营商环境评估也承认后一种看法并且着眼于企业设立过程、时间与费用三个层面,以对它的便利度进行评价。每一个指标都有严密逻辑,非法定程序会被排除在外。只有满足了"外部性""强制性"及"主体独立性"特征和要求,才能成为营商环境评估的一项"程序"。^① 有据于此,DB 在"开办企业"这一指标下设置了手续、时间、成本和最低实缴资本四个二级指标,前三项不难理解,其含义均为字面意思,主要考察的是开办企业的效率问题,第四个指标最低实缴资本,主要调查登记注册时间和企业设立三个月后,企业家需存入银行或者向第三方支付的金额。

随着时代的发展,仅仅考察效率和成本显然已经不能满足当前的需要,信息透明和数字技术的应用对"开办企业"提出了更多的要求,也创造了更多的机遇,于是 BEE 在"开办企业"的基础上提出了"企业准入"指标。开办企业是企业经营的第一步,至关重要。制度成本低、效率高、付费低的国家,就业、经济增长、税收增长往往较高,反之则低。数字技术、电子政务和信息透明度是降低企业准入门槛的主要手段。数字化公共服务还可以降低企业合规成本。BEE 以企业准入作为一级指标,下设三个二级指标:

---

① 罗培新:《世界银行营商环境评估方法论:以"开办企业"指标为视角》,《东方法学》2018 年第 6 期。

企业准入的监管质量。这套指标将从两个方面考虑准入监管质量：一是企业注册的良好监管实践。必要的良好监管可以防止欺诈活动、洗钱等行为。二是注册对国内外私营企业的准入限制。如：哪些是共性的，哪些是特殊的，特别是对外国私营企业的限制。

初创企业的数字服务和商业信息透明度。这项指标将从三个方面进行评估：一是企业注册和运营过程中数字公共服务的应用状况，电子平台、窗口、在线服务等。二是企业注册和运营电子系统服务的互操作性。三是企业信息的在线可用性和信息透明度，包括：费用、要求和文件、公司情况等信息。

企业进入的效率。这组指标是评估企业建立和运营必须完成的步骤所需要的时间和成本。如公司注册、税务登记、员工注册、经营许可等等。企业合规成本的高低对经济增长、企业发展有重大影响。

与以往的创业主题"营商环境"相比，DB 与 BEE 对于此指标选取的目的并未改变，但 BEE 指标将涵盖新的议题，涵盖的范围将更广。企业准入法规的质量是第一个新领域——衡量创业企业的良好做法和企业准入限制。BEE 指标将包括企业准入的国际方面，并将涵盖国内和外国私营公司；数字公共服务和商业信息的透明度是第二个新领域；开办企业的效率将建立在"启动业务"指标的基础上，并将是反映前面两个支柱的影响的衡量标准。

（2）从"办理建筑许可"到"获得经营场所"

"办理建筑许可"。该指标是世行指标体系中最复杂、环节最繁多，花费时间最漫长、所涉政府部门及第三方公司最多的指标。正是由于这些特点，办理建筑许可指标在一定程度上直接反映了一个经济体政府工作效率的高低和市场经济活力的强弱。该指标直译过来是"办理施工许可证",但实际上,这只是建筑许可全过程的一环,如此直接称呼容易造成误解,故在中文语境中,该指标一般被称为"办理建筑许可"。世行官网并未明确指定某论文作为办理建筑许可的方法论。根据常理常识以及指标评估内容,建筑工程事关公共安全,效率与便捷不是该指标的唯一追求。办理建筑许可指标的起源更多来自现实中的实践活动——企业在完成开办登记环节后,需要自建厂房进行生产活动,重点评估建筑的安全性与可靠性。办理建筑许可指标采用模型假设的方法将建设项目类型固定为小型工业项目,从而对该指标进行考察。在该模型中,基本的假设条件为:一个位于城市郊区占地929平方米(10000平方英尺)高两层(每层高3米)建筑面积约1300.6平方米(14000平方英尺)用于一般贮存活动的仓库。

基于上述假设,办理建筑许可指标一方面考察建筑行业企业建设一个仓库所需经历的所有程序,以及各项程序所需的时间和费用,另一方面评估建筑质量控制指数。该体系主要由政府主管部门组织编制并颁布,供各级政府部门及相关机构使用。DB的一级指标是建筑许可的处理,下设四个二级指标:分别为手续、时间、成本及建筑质量控制指数。前三点不难理解,这里重点阐述一下建筑质量控制指数指标,该指标主要研究的是所调查经济体的建筑许可制度的质量控制和安全机制,该指数得分越高,表明该经济体在建筑许可领域的质量控制和安全机制越完备,我国部分住房与建设部门以及发改委也据此指标开展了对应的改革。

"获得经营场所"。企业经营场所关系到与客户、运输、劳动力、材料等方面的联系,也关系税收、法规和环境等条件的合规成本。该指标实际上是在 DB 的"办理建筑许可"和"登记财产"两个指标的基础上改进而来,在获得经营场所项下有三个二级指标:

不动产租赁、产权和城市规划等法规的质量。这套指标包括三个方面:一是土地管理方面的良好监管实践。二是建筑法规方面的良好实践,如绿色建筑、环保许可等。三是对房地产租赁和所有权的限制。

公共服务质量和信息透明度。包括六个方面:一是在线服务的可用性和房地产交易基础设施的可靠性。二是房地产交易服务的互操作性。三是不动产在线信息的可用性。四是建筑、环境许可证在线服务的可用性。五是建筑许可系统的互操作性。六是建筑和环境许可信息的透明度。

获得经营地点的效率。包括三个方面:其一是购置房产花费的时间和成本。其二是取得建筑许可证所需的有关时间及费用。其三是获得与环境有关许可证所需时间及费用。

从指标的内容上来看,与之前办理建筑许可和注册房地产的主题不同,BEE 主题将涵盖新的领域。在考察内容上,首先,DB "办理建筑许可""登记财产"两个指标重点关注企业新建、购买不动产的流程,而 BEE"获取经营场所"增加了对财产租赁的考核;其次,BEE 在建筑许可部分增加了对绿色建筑行业监管及环境许可问题的考察,在登记财产部分强化了对所有权和土地纠纷的考察。此外,与 DB 考察内容相比,BEE 更加重视数字技术在公共服务中的应用,以及政府提供服务的性价比和耗时。在评估范围上,BEE 不再局限于本土中小企业的经验,将综合考量不同规模、不同所有制形式的企业。

（3）从"获得电力"到"公共服务连接"

"获得电力"。获得电力（Getting Electricity）指标主要涉及企业的办电手续、接电时限、接入成本、供电可靠性等工作，世界银行以用电申请容量在 140 千伏安的建筑工程项目的建设单位（企业）为抽样样本，它体现了企业从申请到永久性获得电力连接需要的每一个环节所耗费的时间和成本。

该指标源自世界银行集团发展经济学全球指标团队于 2015 年 10 月完成的一份政策研究工作报告，报告题为"183 个国家的电力连接及企业业绩"，作者是卡罗琳·格吉纳特和世界银行全球营商环境评估总负责人丽塔·拉马略。该报告中的数据涵盖一个有适度电力需求的中小型企业为获得电力连接所需经历的流程、投入的时间和成本等信息，报告研究还反映出，电力连接会影响企业绩效，更简单、成本更低的电力连接流程与企业更好的绩效相关，特别是在高压需求的行业。"获得电力"指标考察企业获得永久电力连接和标准化仓库供电所需的全部程序。这些程序包括与电力公司的申请和合同、配电公司和其他机构的所有必要检查和许可，以及建筑物和电网之间的外部和最终连接工程。"获得电力"指标体现了企业获取电力供应的难易程度。对供电企业而言，是简化办电手续的需要、压缩了接电时间、减少接入成本，同时，也给企业提供了有力、可靠的电力供应与服务保障。与此相反，这四个方面对于客户来说，其重要意义在于办电流程较少、接电时限缩短、接入成本更加合理、享有更加优质的供电服务。具体来看，获得电力指标由四个二级指标组成，分别是"程序""时间""成本""供电可靠性和电费透明度"。其中"程序""时间""成本"是衡量获得电力指标的实践情况及效果;"供电可靠性和电费透明度"反映了行政管理质量,包括辖区企业系统平均停电持续时间(SAIDI-1)以及系统平均停电频率(SAIFI-1)数值、供电机构检测停电、供电机构恢复电力、供电可靠性监督、限制停电、电费透明度等方面内容。

"公用服务连接"。在公共事业服务不可靠、低效、成本高昂时,企业家可能会面临企业经营的巨大负担。根据世界银行企业调查,全球超过 30%的企业认为电力供应是制约其活动的主要因素。电力供应中断给生产力、公司收入以及经济增长带来了不利影响。同样,供水不足——如基础设施老化、水质差和水压变化——也可能导致生产力下降、机械设备老化、并减少中小企业的利润。这在撒哈拉以南的非洲尤其重要,那里约有 22%的企业面临缺水问题。总体而言,发展中国家的公司每年因停电和断水造成的损失估计达 820 亿美元。

在当今日益数字化的世界里,获得一个负担得起且可靠的互联网也至关重要,数字技术的使用可以帮助企业提高生产力。然而,截至 2020 年,全球每 100 人的固定宽带用户数仍低于 20 人。不可靠的网络和建立宽带连接的高成本可能会阻碍公司在其业务运作中采用和升级数字技术。

监管质量和效率、公共服务的质量和可靠性以及接入所需的成本,都是有利营商环境的重要因素。以合理的成本和环境、可持续的方式及时地获得资源,对促进投资和经济增长至关重要。法治环境影响基础设施服务的效能。例如,当电力接入流程更简单、成本更低时,企业往往会表现得更好。与此同时,企业在建立公共服务连接时所做的选择会影响到后续的能源节约和供应的安全。在力求减少行政负担和合规成本的同时透明监管框架,并明确质量控制、安全和环境可持续性的标准,以保障公众安全和确保适当的公共服务质量。在此背景下,BEE 项目将衡量三种主要类型的公共服务——电力、水和互联网的规章质量、公共服务的提供以及公共服务规章和公共服务的执行效率,具体内容如下:

市政监管质量。包括:一是电力、水以及互联网连接有关的法律法规。二是公用设施连接与安全的相关良好实践。如:电、水、互联网的安全质量标准。

公用事业的服务和透明度。包括:一是公用事业供应质量、如:可靠性和可持续性。电、水、互联网等相关标准。二是收费和连接的透明度、可预见的成本。三是公用事业服务的互操作性、审批流程、机构之间的合作、协调与企业之间的互动等。

市政监管和服务的效率。包括:一是企业获得电、水和互联网连接的时间和成本,企业寻求公用服务的难易程度。二是电力、水和互联网服务的可靠性、故障率及修复时间和成本。

相对于 DB 评价中对公用事业进行评价的"获得电力"指标,BEE 新的"公用服务连接(Utility Connections)"指标将涵盖电力、水、互联网方面的连接。且新指标将对市政公用基础设施接入的安全性及质量、环境及可持续发展的影响、各连接服务之间的相互关联程度(例如水电气联办等举措)进行考量,其涵盖范围扩大了,影响力也大大加强。

（4）从"劳动力市场监管"到"劳工"

鉴于劳动力市场以及塑造劳动力市场的政策和机构在私营部门发展中发挥着关键作用，所以世界银行认为劳动力市场监管是考察一国市场运行和经济发展的最直观指标之一。世界银行关注到：劳动力立法对企业吸引熟练劳动力与雇员获得工作保障都很重要。随着世界的发展，许多国家面临劳动力增长和劳动力构成持续变化，各国通过更新完善劳动法规，允许企业有效地经营业务，同时遵守国际公认的劳动标准，增强劳动力市场的活力、包容性和规范性能更好地促进经济发展。为了更好地评估劳动力市场，BEE 指标将关注适用于不同合同安排（永久与临时工作）或不同职工类型（移民与非移民）的法规差异以及缺乏执法而导致的细分（正规部门与非正规部门）。BEE 还将评估劳资纠纷的某些方面，因为更好地给予规定的福利更能吸引劳工成为正式雇员，从而促使非正规职工转向正规部门。

BEE 将 DB 当中的观察指标"雇佣劳动力"转变成为正式的评分指标，主要在如下三方面进行了扩充：

一是扩展评估范围，除了劳动力市场灵活性外，还包括关于工人保护（如失业保险、医疗保险、养老金等）、良好工作环境和公共服务的内容。

二是评价对象更为广泛，新指标将囊括进更多的企业类型及劳动者类型，其中包括长期短期雇佣、自由职业和外籍员工等。

三是增加了数据收集的途径，除了专家咨询还有企业层面数据收集，意在评估相关法律法规、出台政策在实践当中的具体落实情况。

由于该指标新增内容较多,此部分采用表格的形式进行展示,具体情况如下:

表 1-2　劳动力监管指标框架草案概览

一级指标	二级指标
劳动法规质量(监管支柱)	工人保护(部分新增)
	雇佣限制(部分新增)
劳动力市场公共服务的充分性(公共服务支柱)	工人的社会保障(新增)
	公共就业服务(新增)
	个人劳动争议解决(新增)
雇佣劳动力的难易程度(从公司和员工角度评估监管和公共服务在实践中的运作成效)	衡量劳动法规和公共服务在实践中的执行效率(新增)

这些指标将衡量劳动法规和公共服务,因为它们适用于不同合同安排中的不同类型职工,包括但不限于长期、固定期限就业、个体经营和外国职工。这是为了了解政策和实践如何因职工类型而异,以及各国如何解决劳动力市场分割问题。

与之前的营商环境雇佣劳工主题相比,BEE 将更明确地考虑员工的观点,从某种角度来讲也更具有人文情怀,除了劳动力市场数据外,它将通过包括职工保护(失业保险、医疗保健、养老金)、体面的工作条件(工作中的权利、社会对话等)和公共服务的指标来提供更加具有灵活性的观点。另一个重要的补充是效率部分,它将直接从公司收集数据,以了解规则和法规在实践中的应用。最后,与营商环境不同,BEE 指标将包括不同类型的公司和签订不同类型雇佣合同的职工等内容。

（5）从"获得信贷"到"金融服务"

"获得信贷"是世行评估营商环境的 10 大指标之一。让人遗憾的是在我国绝大多数指标排名普遍获得显著提升的情况下，该项指标自 DB2017 时的全球第 62 位连续四年下降至 DB2020 时的全球第 80 位。在原 DB 体系中，"获得信贷"指标重点关注信贷信息质量以及借贷双方的合法权利。考虑到当今技术革命逐渐颠覆传统支付方式，电子支付在全球普及速度的不断加快，因此，BEE 对"获取金融服务"指标进行了较大幅度的扩充，进一步增加对金融机构主体以及获得金融服务的时间和成本的考量，从深度和广度上都使得获取金融服务营商环境评估体系更加全面。全球近 25％的企业受到融资渠道的制约。良好的金融服务对企业运营、创新、就业和疫后恢复都有重大积极作用。除宏观经济条件、金融市场和基础设施水平外，金融监管质量和服务水平也至关重要。当动产和不动产都可以作为抵押品，利率、信贷、信用信息完备，数字化技术用于监管与服务，用于货币支付、交易，才能营造良好的营商环境。

BEE 在这一领域设计了三个二级指标：

担保交易，电子支付和绿色金融的监管质量。由三个部分组成：一是担保交易是否存在完整的法律框架和动产担保权益强制执行的规则。二是电子支付的良好监管实践，数字交易及数据应用。三是绿色金融工具的良好实践。如何将投资转向绿色技术和可持续项目、绿色债券、绿色创新、价值创造、投资回报、股票回报与流动性。

信贷报告框架的质量。包括两个方面：一是信贷部门和相关机构的运作,信用信息、数据报告的范围,共享与获取、风险防范、信用评级、信息交换等。二是抵押登记机构的运作,动产权益数据库的公开性、有效性、防风险性,登记的相关费用、成本、记录系统更新频率等。

金融服务的便利性。包括两部分:一是进行电子支付所需的时间和成本,网上银行、移动银行、电子货币和支付卡等形式。二是获得贷款所需要的时间和成本。将从企业和银行收集相关数据。

表 1-3　金融服务指标草案概览

一级指标	二级指标
担保交易、电子支付和绿色金融相关法规的质量(监管评价维度)	担保交易(同 DB)
	电子支付(新增)
	绿色金融(新增)
征信系统的质量(公共服务维度)	征信机构或信用登记机构的运作(部分新增)
	抵押登记处的运作(部分新增)
获取金融服务的便利度	进行电子支付(新增)
	获得信贷(新增)

BEE 的"金融服务"(Financial Services)指标涵盖了 DB"获得信贷"指标的内容,并增加了四方面新的内容。"担保交易"二级指标的内容与《营商环境报告》相同,但是在信用报告框架质量二级指标的信用部分中,将收集信用报告服务提供商(CRSPs)之间的数据交换信息,且在该二级指标的抵押登记部分中,会收集登记抵押品的成本、数据更新频率、数据使用情况等信息。此外,该指标增加电子支付监管质量、绿色金融监管质量、获得贷款难易程度、电子交易难易程度等四方面新内容。

（6）从"跨境贸易"到"国际贸易"

跨境贸易。"跨境贸易"指标的方法论源自西梅昂·詹科夫、卡罗琳·古特弗罗因德和范共同撰写的《即时交易》（Trading on Time）一文。作者通过收集 98 个国家将标准货物从工厂大门转移至船舶的时间数据来探求延迟交货对国际贸易的影响。经过分析，作者得出了两个主要结论：第一，产品在发货前每延迟一天都会减少 1% 的交易，即每延迟一天相当于一个国家与其贸易伙伴之间的平均距离增加大约 70 公里；第二，交易量可能会直接影响贸易成本。一方面，更有效的贸易便利化政策能够刺激交易，大额的贸易本身也能促进贸易的便利化，另一方面，较大的贸易量可能会导致交通拥堵，并降低贸易基础设施的使用效率。世行 2006 年提出了"跨境贸易"指标，该指标主要考查的是货物跨境过程中的时间成本、手续是否合规等。

正如大量文献所描述的那样，一个经济体国际贸易的开放程度对该经济体私营部门的发展有着很多方面的影响，其中最主要的影响发端于国际贸易理论，该理论认为参与全球市场会增加与国外公司在国内外的竞争，从而导致国内公司在比较优势领域的专业化，并将资源重新分配给生产效率最高的公司。为了保持竞争力，企业需要不断适应、创新和提高效率，从而实现总生产效率的增长。[①] 贸易开放会进一步提高生产效率，因为它使企业能够克服国内市场的限制，创造规模效应，并使企业可以接触到更高质量、更多品种、更廉价的中间产品。此外，国际贸易使国内企业在

---

① 洪银兴：《从比较优势到竞争优势——兼论国际贸易的比较利益理论的缺陷》，《经济研究》1997 年第 6 期。

全球市场上能更好地利用知识优势和技术转让能力。最后,研究还表明,参与国际贸易的公司往往规模更大、生产效率更高。

因此,一个有利于私营部门的环境必须有利于企业最大限度地降低与贸易有关的成本,以便在全球经济中积极竞争。在复杂的国际贸易环境下,商业环境的多个方面可能会影响企业在全球市场的参与和表现。第一,监管框架可能成为参与国际贸易的强大催化剂。在全球经济时代,特别是新冠病毒流行导致经济数字化加速之后,企业的竞争力取决于监管框架是否能够适应不断变化的环境,并为企业建立一个透明的、可预测的、安全的环境,以便保护该经济体在贸易(包括电子商务)方面的潜力。相反,限制性法规会造成市场扭曲,如严格的非关税措施、费用或冗余流程所造成的市场扭曲,这些会对国际贸易产生负面影响。另外,国际贸易法规对推广以减缓气候变化、减少温室气体排放为目的的绿色产品与技术也有潜在的重要影响。第二,政府可以提供公共服务来简化贸易程序,并允许私营部门最大限度地增加利益和/或减少法规条例的限制。这些贸易便利化努力增加了小型和大型公司在国际贸易中的参与度。最后,私营部门在遵守贸易法规和使用已实施的公共服务时所花费的时间和成本可能会阻碍其进入全球市场的能力,这可能是贸易方面的一个巨大障碍。有鉴于此,BEE 在国际贸易领域设立三套指标:

国际货物贸易和电子商务法规的质量。包括五个部分:一是促进国际贸易的良好实践。二是电子商务的良好监管实践。三是促进环境可持续贸易的良好实践。四是对国际贸易的监管限制、非关税措施、强制性许可和资质。五是对电子商务的监管限制,在线禁售令、税收、跨境数据限制等。

　　促进国际货物贸易的公共服务质量。为简化贸易程序，降低合规成本，需要增强国际贸易公共服务的透明度、可预测性、便利化、协调和标准化。包括六个方面：一是信息的透明度和可用性。二是电子系统和服务的互操作性。三是风险管理系统的功能和可用性。四是海关、边境机构通关、许可、认证等便利化计划的实施与效果。五是国内边境机构与其他国家机构之间的合作与协调，双边多边简化贸易制度和特殊安排的实施。

　　进出口商品和电子商务的效率。包括四个方面：一是风险管理系统的运作情况，不同类型的通关措施。二是海关便利化措施的实施情况。三是进出口商品要求的时间和成本。四是电子商务的时间和成本，包括注册、域名、在线支付、保险等成本。

　　BEE指标在两个主要方面与《营商环境报告》里的跨境贸易指标不同。首先，尽管《营商环境报告》关注的也是遵守贸易法规的难易程度，但BEE指标将扩大该主题的范围，包括监管框架的质量，以及政府提供的公共服务的质量。此外，其他领域，如电子商务和环境可持续性贸易，也体现了BEE对采用数字技术和环境可持续性等跨领域主题的关注。第二，国际贸易主题将不限于具有标准化情景和具体假设的案例研究。这些数据将通过专家咨询收集监管框架和公共服务支持，以及对效率指标的代表性企业层面的调查。因此，BEE方法将扩大数据的代表性水平，而不会将其与交易产品、贸易伙伴、运输方式和边境的具体假设联系起来。

　　（7）税收

　　税收是政府用来创造收益、资助经营、提供公共产品与服务的有力政策工具。税收通过各种相互关联的方式影响私营部门的发展。一方面,它通过为有形基础设施、人力资本投资、执法和其他公共服务提供资金,为私营部门的增长和发展创造有利条件。另一方面,过度征税会扭曲市场,改变投资决策,助长逃税行为。同样,繁琐的法规、复杂的税务报告要求以及频繁与税务官员互动的需要,给私营企业带来了相当大的合规成本,因此阻碍了税收合规化。确定纳税人面临的关键问题和税收制度的关键特征,有助于为支持私营部门发展的改革提供信息,同时实现国内资源调动目标。

学术研究强调了影响经济成果和导致投资决策的税收制度缺陷的四个关键驱动因素:(1)税收制度的复杂性;(2)税收管理制度的效率;(3)税收负担;(4)遵守税收法规的成本。因此,BEE 的指标将涵盖以上所有方面。

研究表明,税收复杂性是税收制度设计和改革的副产品。虽然缺少一个普遍接受的税收复杂性定义,但实证研究特别指出,税收立法的复杂性往往与信息过载、困惑、不确定性和纳税人的挫败感有关。此外,复杂和不确定性,即多重税率、税法中不确定的语言以及税法中不一致的变化,对外国直接投资的流入产生了重大的负面影响。相反,清晰、简单、详细的立法更容易遵循和遵守。国际货币基金组织(IMF)和经合组织(OECD)的税收确定性报告发现,更清晰、更明确的税收法规有利于经济增长。

与之前《营商环境报告》中的纳税主题相比,BEE 指标涵盖了一些新的方面,范围更广。BEE 开发了一个框架,提供了评估税收法规复杂性、税收制度效率、税收负担和合规成本的方法。税务法规的质量和税务局提供的大部分服务都是新领域。税收负担将以总税率和缴款率来衡量，该税率建立在 BEE 制定的方法基础上，但根据外部小组审查概述的一些建议对其进行了修订，以使其能够代表各个国家的经济状况，并使其更符合经济学理论。税收制度的效率将建立在以前的纳税指标之上。此外，BEE 还包括环保税收方面，衡量经济体是否利用财政工具阻止或限制对环境有害的活动。该框架将以符合国际公认的税收政策和管理领域最佳实践的方式评估这些方面。

（8）从"执行合同"到"争端解决"

"执行合同"。"执行合同"指标的方法论，以 Jankov、Lapothal、Lopedesilanes 和 Schleifel 这四位作者共同撰写的《法院》一文为基础。[①] 其以某个经济体或者地区的法院在审理租赁合同时对于未支付租金的诉讼当事人所适用的诉讼程序，以及在诉讼程序中对于金融票证所适用的催收程序为基础，为其将要调研的经济体或者地区设计了程序性指标。对于企业生产经营过程中所处的司法环境的评估包含的指标有"保护中小投资者""执行合同""办理破产"，其中"执行合同"指标反映的是合同执行的效率，是"法院竞争力"指标，世行设计该指标的初衷是对其调研的经济体和地区的法院处理涉企民商事纠纷的诉讼效率与诉讼质量情况进行分析。以当事人在当地法院进行诉讼程序中的诉讼时间、诉讼成本、司法质量等二级指标，对当地法院以及法院的诉讼程序进行衡量，考量当地司法系统在日常处理涉企商业纠纷中，根据相应的

---

① Adam Smith, *An Inquiry into the Natureand Causesofthe Wealthof Nations*, Chicago, IL: University of Chicago, 1976, p. 1776.

诉讼程序作出裁判并经执行程序执行完毕后所耗费的时间与成本。

"争端解决"。妥善解决纠纷有利于秩序的稳定和经济增长，否则就会落入纠纷陷阱。因此需要坚实的法律规则和良好的司法体系，也需要充足的公共服务和信息化、电子化服务。这种司法制度需要效率和质量。首先，解决争端的时效性和成本效益机制对于私营部门的发展是极为重要的。过长且昂贵的诉讼程序可能会挫败诉讼的目的，使其失去吸引力且很难开展。在学术文献中，司法效率和便利的创业活动之间存在着很强的相关性。缓慢的司法系统往往意味着更小的公司规模和更昂贵的银行融资成本。[①] 证据还表明，在更有效的司法系统下，企业往往有更多的融资渠道和借贷渠道。该研究同样发现，在民事法院案件不需要过长等待的地区，企业使用担保贷款的情况有显著的增加。高效的司法还与更高水平的国内外投资有关。只要投资者知道，在不履行义务的情况下，他们的索赔将得到及时考虑，他们就有更多的动力来部署额外的资本。此外，提高司法效率可以加强竞争，促进创新。

争端解决过程的质量对私营部门的发展也很重要。这也正是BEE在指标上扩充的一个原因。研究表明，在对法院系统缺乏信心的国家，企业不太愿意扩大业务，反而会寻找替代的贸易伙伴。为了吸引投资者，经济体需要确保其司法机构不仅快速，而且强大可靠。合同的可执行性有限，导致资源分配不理想，新技术延迟出现，宏观经济波动更大。最后，因为商业纠纷解决不力可能会使公

---

① 周林彬、王睿:《法律与经济发展"中国经验"的再思考》,《中山大学学报(社会科学版)》2018 年第 6 期。

司无法及时全额支付款项,流动性和破产问题可能会出现,随后的破产和失业也会出现。

商业纠纷解决的效率和质量依赖于充足的公共服务。私营企业之间的大量纠纷最终需要法院介入,从而强调了建立健全制度框架的重要性。最近的研究强调,经济增长不仅需要坚实的法律规则,还需要强大的司法机构。正如疫情所证明的,在当前环境下,有助于创建更好机构的一个基本特征是数字化。因此,引入相关电子服务有助于提高争端解决过程的效率和公平性,使私营部门受益。

BEE 在这一指标下也有三个二级指标:

*商业争端解决法规、机制的质量。*包括:一是法庭诉讼程序的法规、效率、相关规定的质量。诉讼的时间表、流程、法官及当事人的合规及责任。二是替代性争端解决的机制,如仲裁和调解的法规质量。特别是仲裁机制的灵活性、质量、低成本、公正性、时效性问题。调解机制也同等重要。

*商业诉讼中公共服务的充分性。*包括两个指标:一是司法机构的质量。法官的专业化、司法的公正性、独立性、公开性、透明度、法律文本免费公开、判决公开等。二是法院办公自动化和电子服务、信息化基础设施、数字化、网络法院服务质量,还有应用人工智能解决争端等。

*解决商业争端的便利性。*包括两个指标:一是司法障碍。如对司法公平性缺乏信任,法官专业知识不足,诉讼时间过长,成本偏高等。二是解决商业争端的时间和成本。初审法院的审判、立案、送达、临时措施、证词、审理判决等所需的时间。上诉阶段的审

判、上诉、复审、发布等执行判决、最终裁决、财产处置等。成本还包括律师费、法庭费、专家费和执行费等。

这些指标侧重于解决商业纠纷——私营企业之间在商业环境中产生的纠纷。私营方与公共机构或国有企业之间争议解决的方面也将有限地被衡量。在整个主题中,商业纠纷并不意味着包括更具体的诉讼类型,如公司诉讼或知识产权案件。尽管如此,该指标衡量的某些参数(例如,法规质量、法院专业化、数字化等)也可能附带有利于纠纷解决的其他领域。

与《营商环境报告》中执行合同的主题不同,BEE 项目将评估商业纠纷解决的效率和质量,而不关注单个中小企业或特定的案例研究场景。此外,新的指标集还将纳入解决争端的国际方面事务,涵盖国内外企业。

（9）办理破产

"办理破产"的方法论来源于 Djankov 和 Hart 等人的论文 Debt Enforcement around the World。[①] 该文以 88 个经济体破产从业人员为研究对象。在这些人当中有政府官员、企业家和普通消费者等不同层次的人们。几经细微修改,《2020 年营商环境报告》应用了此方法论,并将调查范围扩展到 190 个经济体,其重点是对债权回收效率以及时间等进行调查,由此测算出各经济体债权回收效率。"破产框架力度"指数自 2015 年以来第一次被用于营商环境报告。办理破产指标由"债权回收率"与"破产框架力度指数"组成。具体而言,"回收率"的高低由破产

---

① SIMEON D,OLIVER H,CARALEE M,AND REI S,"Debt Enforcement around the World",*Journal of Political Economy*,Vol. 116,No6,2008,p1105 - 1149.

案件的处理时间、成本、结果等指标综合决定，而"破产框架力度"（strength of insolvency work Endex）指数则主要用于对一个经济体现有破产法律的充分性和完整性进行评估。其反映了破产法律制度对不同类型企业采取的政策倾向，即对那些破产风险较大而又具有较高市场竞争力的企业给予更多关注和倾斜保护，以促进其健康发展。"破产框架力度指数"的取值范围在0—16之间，取值越高表示该法律在清算破产企业以及盘活危机企业方面的能力越强。

其数据来源于当地破产从业人员所填写的问卷，随后又辅以法律以及公共信息进行验证，破产便利度的排名是根据"办理破产"得分确定的，得分是"债权回收率"与"破产框架力度指数"的平均值。"办理破产"指标记录与破产框架有关的年度效率与质量变化情况，明确指出了各经济体现存破产法的不足及破产程序中的主要手续及行政上的弊端与障碍，从而推动各经济体进行破产法方面的改革。[①]

BEE在企业破产领域也有三套指标：

*破产程序规则的质量。*有六个方面：一是破产程序的开启。包括债务、债权人申请、清算和重组的程序、中止规则。二是债务人资产的管理。包括债务人公司破产程序的契约、交易及财务状况以及环境债务和资产报废义务。三是清算和重组程序的范围。重组计划的批准、实施机制、各相关方的权利、义务、责任。四是债权人参与的范围、权利。五是破产管理人的专业能力、资格、培训、

---

① 丁燕：《世行"办理破产"指标分析与我国破产法的改革》，《浙江工商大学学报》2020年第1期。

监管、许可或注册要求。六是特殊专门程序、中小微企业的清算、重组程序。如对善意个人债务人的清偿保障措施、法定限额、法院监督强度等。

破产程序相关体制机制的质量。包括三个指标：一是破产法院或破产法官的专业化，有无专门专业培训。包括公共服务机构、人员的质量，可靠的决策、透明度、可预测性，便利快捷的制度效率，以及法官、破产管理人、委托人、拍卖师、评估师等相关从业者的能力等。二是法庭自动化和信息的公共可用性。电子事务、电子支付、在线诉讼系统、公开性等等。三是破产程序服务的互操作性。债务人、债权人、各相关机构在破产程序中发挥作用情况及相关信息互动。

破产司法程序的便利度。主要指法院清算与重组程序所需的时间与费用。如从提交申请到支付、重组计划批准所需的时间，以及诉讼总成本、债权人和借款人产生的成本等。高效率低成本的破产制度可以让效率低下的企业快速退出，鼓励更多的创业活动和新企业创建，从而使资源配置不断优化，开启新的企业生命周期，促进经济社会健康发展。

相较于DB的"办理破产"指标，BEE的"企业破产（Business Insolvency）"指标将考量司法诉讼准备程序（pre-insolvency proceedings）、对于小微企业的专门诉讼程序、破产工作人员的专业度，以及破产程序组织架构的有效性等一些新内容。且新指标将重点关注清算及重组程序，不再设置固定的假设案例。此外，新指标还将涵盖破产中的环保义务，并发掘破产程序中利于环境保护的优秀案例做法。

三　DB 与 BEE 总体差异

从目前公布的信息看,DB 与 BEE 项目主要有以下六个方面差异:

一是评估视角不同。相比 DB 项目而言,BEE 将不仅从单个企业开展业务的便利性(the perspective of an individual firm's ease of doing business)的角度,而且从整个私营部门发展的角度来评估商业环境(from the standpoint of private sector development as a whole)。单个企业的运营成本与整个经济的收益之间存在关联,BEE 将涵盖针对这些不同角度的不同指标。之前 DB 更多地从单个企业的角度出发来衡量一个企业在一个经济体中的经营环境,从而评价经济体整体的商业环境。BEE 则将私营经济整体发展情况纳入评价,例如一些与税收有关的商业法规,可能会增加某单个企业的经营负担,但是这个法规对整体经济发展会产生积极影响,BEE 就会在评分的时候试图权衡这些影响。

二是聚焦内容不同。BEE 将不仅关注监管负担(regulatory burden),还将关注公共服务(provision of public services key for functioning markets)的提供,因为公共服务也是市场运作的关键。这种新的平衡试图对政府在创造有利的商业环境中的作用提供一个更加微妙和积极的视角。之前 DB 更多地从制度经济学的角度,来探讨一个地区的制度性交易成本是否影响了该地区的经济发展,而 BEE 将政府主动作为、提供公共服务的优劣纳入考量,对一个地区的商业环境评估更为全面。DB 更多的是对政策本身的评价,而 BEE 的话则会对政策的落实机构进行评价,看重政策如何落实、是否好落实。比如执行商业合同,DB 可能只强调相关合同法是否明晰、对执行商业合同是否有全面、合理的规定,但是 BEE 会对执行商业合同的机构进行考察。

三是数据收集方式不同。数据的收集、分析与报告是决定 BEE 能否真正实现其目标的关键,DB 项目正是因为出现了数据违规行为而遭到终止,因此 BEE 项目特别强调数据透明性,这其实也是评估工作中最容易出现问题的灰色地带:数据分析的自由裁量权。数据收集和报告过程将以最高标准进行管理,包括完整的数据收集过程、健全的数据安全保护工作、清晰的审批流程、透明和公开的精细数据,以及评估结果的可复现性。全球指标小组(Global Indicators Group)将与世界银行的内部审计部门一起,检查"端到端"全流程的数据收集和数据处理,并将产生一份《使用手册与指南》,以书面形式清晰展示相关规则与流程。

BEE 项目不仅会收集法律法规的信息,还会收集实际执行情况的信息。BEE 项目主要使用两种数据收集方式:专家咨询和企业层面的调查。专家咨询是指从提供相关法律服务、公共服务的机构和这些机构的专家那里收集数据。企业层面的调查是指从实际正式企业的代表性样本中收集数据。此外,BEE 项目还可以使用两种佐证机制来验证通过法规和公共服务专家咨询收集的数据:案头研究(即阅读法律/法规,检查公共网站上的功能)和官方数据(即来自登记处、法院和其他机构的行政统计数据)。

四是指标体系更新。DB 项目以企业自创办至破产为全生命周期,构建评估指标体系,BEE 项目的指标还在开发中,初步考虑包括企业准入、获取经营场所、市政公用服务接入、雇佣劳工、金融服务、国际贸易、纳税、解决纠纷、促进市场竞争和办理破产等领域。虽然总体上指标体系的数量相同但是在内容上各个指标都有所扩充，概括来讲，DB 指标倾向于对时间、成本、效率、监管质量的衡量，例如"获得信贷""保护中小投资者"指标只考察监管质量，"纳税"只考察监管效率。BEE 则不止于此，BEE 所评估的商业环境聚焦两大指标体系："政策及法律监管框架"和"公共服务水平"。每个指标领域设计分为三部分：(1)监管框架，考虑监管质量(透明度、清晰度、可预期性)和监管负担；(2)公共服务，考虑机构设置、基础设施等；(3)效率指标。不难看出，BEE 将 DB 的"效率型"指标统一归纳到其第三部分，也就是"实践效率"这一模块中去，其指标内容大大更新。

五是拓宽覆盖范围。BEE 项目将尽可能地覆盖更多的国家和国家内部城市。DB 主要对某一经济体中最大的商业城市进行评估，人口较为庞大的经济体会纳入两个城市。如，世行在评价我国时只选取了北京、上海两座城市，两座城市的权重分别占 45％和 55％。当然这种做法并不完美，我国幅员辽阔，南北差异巨大，两个城市的数据并不能完整体现我国的营商情况。BEE 项目则将尽可能广地覆盖某一经济体和经济体内部(经济体内覆盖范围可能因指标领域有所差别，主要取决于适用的法规是国家的还是地方的)。

六是更新数据的频率不同。DB 项目每年会向专家发放问卷，从而获得原始数据，每年更新。而 BEE 项目中由专家咨询得出的指标数据每年更新，但从企业层面调查获得的指标数据则可能以 3 年为一个周期进行更新。①

世行官方也对 DB 与 BEE 进行了总体上的对比,具体内容详见表 1－4:

表 1－4　DB 与 BEE 总体对比

	Doing Business (DB)	BusinessEnabling Environment (BEE)
概述	对影响单个中小企业的营商环境进行基准评估。	对影响整个私营企业发展的商业法规和公共服务进行评估
领域	以商业法规为主,对公共服务有一定的考虑。	均衡考虑监管框架和作为市场运行关键的公共服务。
数据搜集	一些指标只涉及法律法规,而其他指标只着眼于事实。通过专家咨询来收集数据。扩展案例研究的应用,以增强数据的可比性。	全面覆盖监管框架和公共服务的法律法规和事实方面。通过专家咨询和企业层面调查相结合的方式收集事实数据。选择性使用案例研究。
主题	DB 主题的选择原则上是按照企业的生命周期进行,但它们的相对重要性却不均衡。	BEE 主题的选择也遵循企业的生命周期,并且包含其在市场的参与情况。原则上,所有主题都同等重要,不允许有重大遗漏。
指标	指标按商业法规的效率和质量进行分类。然而,并不是所有的主题始终按照这些分组构成,此外,指标受到假设案例研究方法的影响,限制了其代表性。	所有主题始终按照三组指标构成:(1)监管框架;(2)公共服务;(3)效率指标。此外,没有严格的案例研究限制,这些指标可以揭示更能表现经济的信息。
得分	根据排名和分数评估经济体的表现。高度重视总体排名以最大限度地提高公众利益并推动改革。	将根据可量化指标评估经济体表现,指标是否或如何分组以产生总分尚待决定。将避免围绕排名大肆宣传。

---

① 袁达松:《我国法治营商环境的包容性治理——兼论世界银行评估指标的普适性与差异性》,《人民论坛》2021 年第 15 期。

（续表）

	Doing Business （DB）	BusinessEnabling Environment （BEE）
覆盖范围	191 个经济体中的主要商业城市。对全球 191 个经济体中的最大商业城市进行评估。对于 11 个人口超过 1 亿的经济体（孟加拉国、巴西、中国、印度、印度尼西亚、日本、墨西哥、尼日利亚、巴基斯坦、俄罗斯和美国）数据采集范围扩大到第二大商业城市。	尽可能地广泛覆盖国家和国家内部。国家内的覆盖范围可能因主体而异,取决于适用的法规是国家的还是地方的。
更新频率	每年。	根据专家咨询得出的指标数据每年更新,从企业层面调查获得的指标数据可能以 3 年为一个周期进行更新。

资料来源:世界银行官方网站,https:// thedocs. worldbank. org/en/doc/2250b12dfe798507f7b42064378cc616-0540012022/original/BEE-Concept-Note-December-2022. pdf。

四　BEE 评价指标体系对我国优化营商环境的启示

（一）提升法治化营商环境建设水平

BEE 的十项主题均设置了对监管框架及执行情况的考量,突出了对商业法律法规及其所起作用的评估。所以,我国在一方面,应该持续推进《优化营商环境条例》(下称《条例》)的实施,强化制度保障。同时,开展围绕《条例》的法治建设工作,在法治框架内加快对相关法律法规的"立改废",将"放管服"改革、优化营商环境等实践中的好经验、好做法及时变成制度规范、法治规范。

另一方面也要加快法治政府建设,强化对地方行政主体、公职人员行为的监督制约,鼓励和支持地方在法治框架下,提出差异化优化营商环境的具体举措。各级政府可结合当地发展实际及特点,重点对照营商环境重要改革领域,以当地差异化的政策、规章、制度形成招商引资的制度和政策等"软环境"方面的差异,建设特色化营商环境。

(二) 数字赋能营商环境优化

BEE 更加强调数字赋能营商环境的价值导向,全方位加强对政府数字化转型及数字技术应用的评价。推动政府数字化转型是深化"放管服"改革和政府职能转变的必然要求,以高质量发展促进营商环境优化为核心,坚持"发展和安全""协调国内和国际两个大局"的基本原则,提升政府内部及各级政府间信息资源利用效率,推进部门间数据、信息共享和业务协同,借助数字技术支持省、市、县、区级营商环境支撑平台建设,为区域经济发展赋能。[①]

在政府对外提供服务方面,加快建设并推动普及智慧政府服务系统,提升企业网上业务办理便利度;[②]同时,完善企业诉求服务系统,健全企业沟通反馈渠道,更加有针对性、高效便捷地为企业解决难题。在对接国际方面,加紧制定出台数据要素基础性制度文件,加快完善国内数字经济规则,推进数字贸易、跨境电商、跨境数据等领域规则制定,更好对接 DEPA、RCEP 等国际高水平自贸协定规则,促进可持续发展。同时也要加快实现地方数据互联

---

① 潘思蔚、徐越倩:《数字营商环境及其评价》,《浙江社会科学》2022 年第 11 期。
② 费军、贾慧真:《智慧政府视角下政务 APP 提供公共服务平台路径选择》,《电子政务》2015 年第 9 期。

互通,真正实现各类信息系统之间的区域共建。BEE 体系在大部分评估指标中引入了政务服务数字化水平的评价内容,从营商环境考核方式的变化来看,未来的营商环境甚至不直接取决于基层能力,而是很大程度上取决于数字化建设程度。建议加强各类信息系统之间的统筹建设,强化系统观念,坚持全域统一规划,破除"信息孤岛",尽快实现地方各类数据的全面打通。

(三)调整优化评估指标

"对标世行与国际可比"是我国营商环境评价体系建立的原则之一,国务院于 2018 年设立了促进政府职能转变的"放管服"改革协调小组,下设有优化营商环境组。同年,参照世行营商环境评价及其他国际标准,根据我国的情况,在发改委的主导下,国内营商环境评价体系初步建立,并对国内一些城市进行了试评价。与BEE 相比,我国 18 项指标基本覆盖了 BEE 设置的十项主题,而且对劳动力、政府采购、市政公用服务水电气等内容的评估早于BEE。基于我国数字经济发展速度快、体量大、数字技术应用广泛等特点,我国对营商环境的评估也综合考量了数字技术的应用情况,如"互联网+政务服务"、电子采购平台建设水平等。

但是,与 BEE 相比,我国营商环境评价体系仍有部分不足之处,例如,我们可以看到 BEE 在营商环境促进可持续发展方面新增了较多评估内容,为推动落实联合国 2030 年可持续发展议程作了积极努力。在获取经营场所方面设置绿色建筑、环保许可等环境保护相关政策的评估内容,设置了对绿色金融、可持续贸易的评估,以及特定主题下评估环保义务的履行情况等,突出环境可持续性在营商环境建设中的重要地位。纵观我国营商环境评价指标抑或是各个省市的地方指标,在可持续发展方面的关注都有所欠缺,我国立足于推动实现可持续发展和构建人类命运共同体的责任担当,提出了"2030 年前实现碳达峰、2060 年前实现碳中和"的重大战略目标,[①]这对营商环境高质量发展提出了更高要求,这也将成为我国营商环境建设未来的改革方向之一。

总之,深入了解宜商环境评估体系的新内容,对于辽宁省优化营商环境,增强国际竞争力具有重要意义,同营商环境(DB)相比较,宜商环境评估体系既有相当程度的继承与延续,更有很大程度的创新、发展和提升,本部分对宜商环境的指标内容与世行营商环境的指标内容进行了对比,其主要差异性上文也均有所阐述,DB 为我国提供了可借鉴、可量化的评估营商环境指标。基于此,许多学者根据我国的实际情况,进行了系列研究和考察,同时也推进了我国行政体制机制的改革,BEE 的出现给我国乃至国际提供了优化与评估营商环境的新思路,由于 BEE 指标出台时间较短,笔者并未看到国内众多学者根据 BEE 新指标所开展的学术研究,但在这里想强调的是,无论是 DB 指标抑或是BEE 指标都为辽宁省营商环境改革和调整指明了方向,具体内容的调整,也需要结合辽宁省省情、我国的国情动态调整,当然BEE 新指标并非"十分完美",其在官网上也对新指标进行了得失分析(见表 1 - 5),但我们仍然要吸收其精华之处,同时也要持

---

① 中华人民共和国中央人民政府网:《力争 2030 年前实现碳达峰,2060 年前实现碳中和——打赢低碳转型硬仗》,http://www.gov.cn/xinwen/2021-04/02/content_5597403.htm,2021 年 4 月 2 日。

着包容的心态面对其不足之处,深入推进营商环境建设不是一朝一夕、一蹴而就的,要不断地主动适应城市发展新形势,回应人民群众新期待,顺应营商环境建设新要求,明确目标、绵绵用力、坚持不懈、久久为功!

表 1-5 BEE 得失分析

BEE 特点	优势	劣势	解决方法
关注私营部门的发展	BEE 可以全面整体地评估影响市场主体发展的商业法规。	BEE 不会评估只影响个别/部分企业的商业法规。	BEE 承认,一些商业法规(例如,与特定税收条件有关的某些法规),可能会增加个别公司面临的制度性成本,同时可能对整体市场和经济发展产生积极影响。BEE 将在决定计分方法时尝试解决这个问题。
对企业环境的评估范围有限	BEE 专注于在有限的领域生成具有价值的一手原始数据。	BEE 将不会囊括可能影响市场主体发展的所有方面。例如,宏观经济状况、腐败或性别平等不包括在内。	BEE 网站以补充资料的形式提供成熟的国际措施,对于 BEE 未覆盖的可能影响市场主体发展的因素,感兴趣的人士和机构可以"一站式"获取。
测算指标具有可替代性	指标聚焦与对应主题相关的监管框架和公共服务,但涵盖商业环境中最相关的领域和重要问题。	指标无法做到事无巨细地评估相关主题的每个方面。	BEE 将阐明每个指标的范围和原理。如果有必要,将用其他被证明是更好的"替代性"的指标来取代原有指标。
减少使用标准化的假设案例	使相关数据在一个经济体的不同公司和行业中更具代表性。	可能会限制指标数据在不同经济体间的可比性。	结合专家调研和企业调查。此外,BEE 还会根据特殊情况增加一些参数以确保数据的可比性(如:公共设施的类型分类)。

（续表）

BEE 特点	优势	劣势	解决方法
新设立企业与存续企业	对于与经营过程相关的主题，BEE主要依据专家访谈和对存续企业的调查结果进行评估。	由于在此类主题中更为关注目前正在市场上运营的存续企业，可能会潜在地忽略/低估进入和退出市场的壁垒。	对于涉及到市场进入和退出壁垒可能被存续企业低估的主题（例如市场准入和破产），BEE 将主要通过专家咨询的方式收集数据。

资料来源：世界银行官方网站，https：// thedocs. worldbank. org/en/doc/2250b12dfe798507f7b42064378cc616-0540012022/original/BEE-Concept-Note-December-2022. pdf。

第二章　中国国家及先进地区营商环境评价体系的具体内容和实践做法

　　"营商环境"一词源自世界银行"Doing Business"的调查研究，它对比了各个经济体在各经济阶段的商业管理环境，并每年发表一份《营商环境报告》。然而世行并没有明确提出营商环境的概念，仅在其报告中提到了营商环境相关的要素：如创业阶段、场地获取、获得融资、日常运营等。

　　在国内，近些年中国的理论界、企业界及政府实践工作者对营商环境有着比较强的敏感性和回应性，并试图将这一概念本土化，以推动中国治理体系现代化和经济的高质量发展。主要表现在两个方面：一是在理论层面上的梳理。经过理论梳理，各高校、咨询机构对我国的营商环境进行了界定，并提出了其基本构成要素，包括政务环境、市场环境、创新环境、法治环境、人文环境。而另一层面是在相关的政策层次上，企业营商环境的概念也得以明确。2019 年 10 月，国务院发布《优化营商环境条例》（以下简称《条例》），明确了企业营商环境是市场经济中市场主体参与市场经济活动的体制机制性因素和条件。《条例》为优化营商环境提供了更强的制度保障和支持。营商环境的优劣将直接关系到各市场主体的活力与发展,进而影响到地区的竞争力与投资吸引力。与此同时,企业的营商环境建设受到了全球范围内的普遍关注。企业经营环境是促进地区经济发展、提高市场竞争力的一个重要先决条件。

习近平总书记多次在会议上作出关于打造市场化、法治化、国际化营商环境的指示,明确提出优化市场化法治化国际化营商环境、构建一流营商环境的工作目标。在这样的背景下,中国在世界银行营商环境报告中的排名也获大幅提高,在全球 190 个经济体中,2018 年度中国排名第 47 位,2019 年度排名跃升至第 31 名(见世界银行《2020 营商环境报告》),我国多次被评选为全球最具竞争力十大经济体,我国在优化营商环境方面取得明显成效。

一　国家营商环境评价体系的价值逻辑

价值逻辑具有导向的作用,代表了当前的价值倾向及未来的引导方向,任何一套科学的评价体系背后一定遵循着某种价值逻辑,这套价值逻辑贯穿评价体系的始终。中国营商环境评价体系指标选择背后的价值逻辑是一个深层次的哲学问题,对这一问题的深入了解和研究有助于辽宁省营商环境建设的价值选择。有鉴于此,本部分关注和研究的焦点问题集中于:国家营商环境评价体系为何是这些指标?指标选择的原则和标准是什么?每一套指标背后遵循着怎样的价值逻辑?对辽宁省营商环境评价体系指标选择的指导意义在哪里?

随着我国不断完善营商环境建设,加快落实改革举措,各地优化营商环境有了很大进展。2018 年,发改会会同各个部门,初步探索构建中国第一个政府推行的营商环境评价指标体系。中国极具鲜明特色的营商环境指标体系主要包括企业的生存周期、投资吸引力、城市发展 3 个方面的指标,下面又涉及多领域指标内容。① 该体系以世行的指标内容和我国发展国情为基础,坚持以市场主体的需求和满意度为导向,持续深化"放管服"改革政策,加快简化审批事项,建立"立足国情、对标世行、国际可比"的营商环境评价指标体系。根据国务院推行的试点方法,中国特色营商环境评价指标体系在我国 22 个城市完成了试评价,通过实践不断完善和优化指标内容,进而逐步推广至全国,最终形成国际一流的评价体系。

(一) 评价体系指标选择的标准

1. 立足国情

该评价体系采用了世界银行 12 个指标,剔除了与我国实际情况相悖的内容,重叠与我国国情相适应的指标,在此基础上对我国各城市投资贸易便利度与长期的投资吸引力进行全面综合评估,以客观衡量其经济发展质量水平。②

---

① 顾雪芹,李育冬,余红心:《长江三角洲地区营商环境政策举措与效果评价》,《中国流通经济》2020 年第 6 期。
② 张潇尹:《构建广西营商环境评价指标体系的思考》,《市场论坛》2019 年第 8 期。

2. 客观真实、科学管用

世行采用标准化案例，委托第三方进行模拟申报，以获得评价数据资料。我国的营商环境评价体系借鉴了世行的评估模式，并在该基础上对其进行了完善，更加注重实证分析。2018 年，国家发展改革委在我国 22 个城市试点；2019 年，国家发改委组织在直辖市、计划单列市、省会城市和部分地县级市等 41 个城市开展了营商环境评价，并在东北地区 21 个城市开展了营商环境试评价；2020 年，国家发改委又在全国 80 个城市和 18 个国家级新区组织开展了中国营商环境评价，同年 10 月，国家发改委发布《中国营商环境报告 2020》（以下简称《报告》），这是我国营商环境评价领域首部国家报告，该《报告》中的评价指标体系已经成为各地区构建评价指标体系的基准。截至 2022 年 3 月，全国已经开展了 6 批次评价，累计有 98 个城市参与评价，覆盖了 31 个省（市、区）。

3. 对标世行、国际可比

世界银行指标权威性不容置疑，但并不完全适合我国基本国情，如：(1)《全球营商环境报告》样本数过小，各经济体基本都选单一城市采样。对于中国这种大型经济体而言，仅仅选择北京和上海这两个城市，并赋予 45％和 55％的权重，而在现实中，我国在经济与文化上南北悬殊、东西悬殊，两市数据无法代表全国。(2)世界银行的调查对象存在局限性。世界银行仅以外资企业、律师事务所、四大会计师事务所和咨询公司为调查对象，缺乏企业代表性。(3)《全球营商环境报告》的税项以发达国家税制为基础，不征收增值税的国家，其出口退税速度较快，但对我国等国家而言却是一种劣势。(4)未考虑某些非典型性但具有重要影响力的市场主体以及不同文化中企业家的经历等。《中国营商环境 2020 报告》学习借鉴了世界银行和世界经济论坛等国际营商环境评价指标、评价对象和分值计算等内容,并以此为基础建构出适合我国国情的、较为丰富翔实、科学合理的评价体系给全球投资者以更符合实际的投资借鉴。

(二) 评价体系指标选择的原则

1. 综合性原则。营商环境是由经济、市场、政府、社会等多个要素相互影响组成的统一体,营商环境发展的好坏取决于所有要素的共同配合。若只考虑个别因素,会造成营商环境建设曲折性和片面性。国家营商环境评价体系从宏观角度整体分析我国各个省份的营商环境情况,综合考量政府、市场和企业等主体因素,结合企业运营活动周期,全面、多角度评价营商环境建设。这就要求我们在指标设置上要尽可能以较少的数据来反映更多的现实问题,在保证科学性的基础上,适当弱化一些不可量化处理、影响较小的指标因素,同时要保证数据来源的可靠性和准确性。

2. 科学性原则。科学性简言之就是评价体系应有科学的理论基础,具有较强的实用性。指标体系既要有整体的逻辑结构、内在层次,又要能够充分反映研究课题的内容,同时还应具有指向性、针对性,符合实际需求且能经得起实践检验。完整的营商环境体系,要能准确选取指标要素反映营商环境内容,正确运用实证分析和数量计算方法。同时,科学性要保证数据来源的可靠性,用最精简的数据指标来代表抽象的理论概念,指标选取越具有代表性,指标体系越真实客观。中国特色营商环境指标体系以世行的营商环境报告为依托,选取适合中国国情的指标继续沿用,删除掉与实际不符的指标,增加新的评价内容,如将获得电力改为获取水、电、气的综合性指标。同时增加城市发展的外部营商环境指标,如市场开放、招标投资、城市交通、社会公共服务等指标内容,丰富了企业从创立、生产运营到破产各个环节的生命周期内容及企业发展所需的外部条件,全面评估我国企业发展便利度与城市投资吸引度,以客观地体现城市高质量发展要求并参考世界银行的指标体系和评估方法,使用了前沿距离得分法,对各个指标的营商便利程度进行评分。同时,在选择指标的时候,也要遵循可量化、可比较的前提条件。

3. 层次性原则。评价营商环境内容,需要从多角度、多层次、多方面探索指标体系。构建指标体系要建立层次化的指标结构,横向层次兼顾整体性和广泛性,纵向结构兼顾体系的深度和逻辑性,这样有利于细化问题并深入研究问题的内涵。可以根据"综合维度指标—分类指标—量化指标"的结构构建指标体系,确保各层次指标之间既能够相互衔接,又能够进一步细化。

二　国家营商环境评价体系的方法论基础

科学的方法是科学结论得以得出的先决条件,也是任何一种观点得以形成的基础。有鉴于此,本部分关注的焦点问题在于:国家营商环境评价体系是采用什么方法设定的?背后有哪些经典文献、理论基础或者田野调查、实际调研作支撑?涉及到哪些利益相关主体?这些方法在设计辽宁营商环境评价体系时应怎样借鉴?

（一）营商环境评价方法论源流

营商环境评估虽然是一项自新世纪才开展的政策实践,其背后却有着历史悠长的理论与政策源流。理论上,营商环境评估的知识渊源是与近现代全球的思想家和学者对"法律和经济发展"的思考和研究一脉相承的。自19世纪末以来,有一批思想家和大量的学者对法律是否以及如何促成市场繁荣和经济发展做了大量的研究。这些思考和研究大致形成了一个这样的知识脉络:德国思想家马克斯·韦伯关于"形式理性"的法律制度与当代资本主义发展之间关系的研究——新制度主义经济学关于法律制度与市场发展关系的研究——"法律与金融"学派关于好的金融法律制度推动金融市场发展的研究。[①] 德国思想家韦伯的学术思想庞杂,他关注的一个焦点议题是:为什么当代资本主义在西欧萌芽发展,而没有在其他文明那里开花结果? 韦伯的解释是,具有"形式理性"特征的现代西方法律制度体系塑造了"可计算性"(calculability)的游戏规则,帮助市场主体大幅降低投资、交易等市场行为的不确定性。[②] 韦伯的上述思考影响巨大,为后来学者研究法律与经济发展的关系提供了非常重要的概念和理论框架,并被新制度主义经济学家们进一步系统化阐述,其中的一个代表性人物是诺贝尔经济学奖获得者道格拉斯·诺斯。诺斯在一系列经济史学著作中,

① ［美］柯提斯·J. 米尔霍普、卡塔琳娜·皮斯托:《法律与资本主义:全球公司危机揭示的法律制度与经济发展的关系》,罗培新译,北京大学出版社2010年版,第20—24页。

② David M. Trubek,"Max Weber on Law and the Rise of Capitalism",*Wisconsin Law Review*,No. 3,1972,p. 720 - 753.

用历史上的经济数据资料对以产权为核心的法律制度之于经济发展的重要性做了系统阐述,并把主要观点浓缩于《制度、制度变迁与经济绩效》这本经典著作中。以诺斯为代表的新制度主义经济学家们主张,市场长期繁荣的奥秘在于切实尊重产权并保护合同。为了方便表述,有些学者把这个思想学说归纳为如下的简化公式:"良性法律+良性执法=良好的经济绩效"。然而后来的学者发现,在很多现实情况中根本无法界定 A 与 B 谁"良",直到"法律与金融"(Law and Finance)研究流派的崛起。1998 年,当时任教于哈佛大学的 Rafael La Porta(拉斐尔・拉波尔塔),Florencio Lopez-de-Silances(弗洛伦西奥・洛佩斯・德・西朗斯)和 Andrei Shleifer(安德烈・施莱弗),以及任教于芝加哥大学的 Robert W. Vishny(罗伯特・维什尼)四位新锐经济学者(合称"LLSV")在美国的《政治经济学杂志》(Journal of Political Economy)上发表了《法律与金融》(Law and Finance),开启了对不同国家的金融法律制度进行比较量化分析的研究先河,并开创了"法律与金融"交叉学科量化研究的流派。[1] 这篇文章在理念上追随韦伯和新制度主义经济学派的基本立场,也就是坚信良好的法律加上良好的执法会带来良好的经济绩效;在方法上,这篇文章利用经济学常用的计量方法,对世界上 49 个国家的公司金融法律制度进行量化测量,统计分析"好"的金融法律体系与"发达的"金融市场经济体之间的正向关联关系。"LLSV"的研究不仅仅在理论上开创了"法律与金融"的交叉学科研究流派,更在方法上开启了对法律体系进行量

---

[1] Douglass C. North, *Institutions*, *Institutional Change*, *and Economic Performance*, St. Louis: Washington University Press, 1990.

化比较的先河。在该研究中,这些学者对不同国家的金融法律制度的优劣进行量化打分,不仅如此,在《法律与金融》发表之后的短短几年内,"LLSV"还发表了一系列相关文章,用改进的量化实证研究方法对与经济发展和商业环境相关的法律制度进行量化测量,其中部分文章直接启发了世界银行的经济学家,并为世界银行营商环境评估指标体系确立了主要指标内容和方法论基础。

到目前为止,世界银行营商环境报告正式采用的 10 个评估指标中,官方给其中 8 个指标分别明确了一篇方法论来源的研究论文。就这 8 篇方法论来源文章而言,"LLSV"之中的 Rafael La Porta(拉斐尔·拉波尔塔),Florencio Lopez‐De‐Silanes(弗洛伦西奥·洛佩斯·德·西朗斯)和 Andrei Shleifer(安德烈·施莱弗)三位参与了其中相当一部分文章的撰写,尤其是 Andrei Shleifer(安德烈·施莱弗)参与了其中 7 篇文章的撰写。

"LLSV"的"法律与金融"研究开创了对一国法律制度的"好"与"坏"进行量化分析的方法论先河,不过其开创性研究难免流于粗糙,并招致了很多学者尤其是法学学者的批判。作为对这些批判的回应,营商环境报告的方法论作者们改进了量化分析的方法。但即便如此,学界对营商环境报告依然有较多的理论和方法论方面的批评。随着这套评估的实践影响增大,批评声音甚至越来越多。下文中,笔者将概括性梳理目前理论与实践界的反思与批评。

中国特色营商环境评价体系从我国国情出发,借鉴国际营商环境评估方法,遵循国际比较,坚持中国特色原则,面向市场主体和公众,以两者满意为导向,发挥市场在资源配置中的决定性作用,旨在营造营商氛围,更好地发挥政府作用,以深刻转变政府职能、创新行政方式、提高行政效能、激发各类市场主体活力为市场重点进行构建。《中国营商环境评价体系》系统总结了 2018 年以来优化营商环境的实践和效果，以市场主体感受为导向，从企业发展全生命周期和城市高质量发展两个视角，综合介绍了我国营商环境的评价体系，标杆城市的经验实践，重点领域的改革创新和成功范例，具有评价理论指引、实务操作指南和经验交流互鉴 3 方面的重要作用，有利于指导地方深化体制机制创新，加强协同联动，完善法治保障，促进营商环境的全面优化。

（二）数据来源

评价体系由国家发改委牵头，第 3 方评价团队具体实施。通过部门深度参评与企业满意度测评相结合及问卷填报与实地调研、数据抽查核实相结合的方式进行。第 3 方评估组由评估机构、律师事务所、会计师事务所等组成，参评城市政府负责本地相关政府部门、市场主体的问卷填报。

与世界银行标准化情景模拟案例的评价方法不同，我国更加注重以实际案例来进行评价。通过实际填报和模拟填报相配合，随后交叉验证，并通过第 3 方核验的方式获取评价数据，提高评价数据的客观准确性。在此基础上，通过实地调研、抽查访谈、对企业填报问卷、政府部门填报问卷及提供的数据等营商环境相关信息，交叉比对、复核校对，深度了解参评城市营商环境领域的改革进展情况及存在问题，确保数据客观真实可用。

据统计，仅 2020 年，国家发改委就共发出 36 万余份企业调查问卷，电话访谈 1900 多家，与 200 多家企业进行了深度交流；

拨打调查核实电话 2 万余人次;暗访政务大厅 320 余个;通过电话核验、企业调研、大厅暗访、大数据智能分析等方式,更深入地听取和了解市场主体和社会公众的感受和意见,市场主体、企业和社会的高度参与,达到了客观真实评估各地营商环境情况的目标。

三　国家营商环境评价体系的具体内容

中国的营商环境评估体系基于企业的全生命周期链,也是基于城市高质量发展的角度,从对企业全生命周期的测度、体现投资吸引力、反映监管和服务三个维度,建立了由 18 个一级指标和 87 个二级指标组成的评价体系,全面反映各地营商环境建设成效。

(一) 衡量企业全生命周期指标 15 个

企业是创造社会价值的主力军,是推动区域经济发展的动力。营商环境是企业赖以生存、发展的良好土壤。从企业感受看营商环境优劣是最直接、最有效的方法,也是世界通行的做法。我国营商环境评价指标体系是基于企业全生命周期链条的视角,共设置指标 15 个,其中完全吸纳了世界银行的 12 个指标,此外还增加了 3 个具有中国特色的指标。

(二) 城市高质量发展视角指标 3 个

随着我国社会主义市场经济体制的建立,各地区的市场竞争日趋激烈。由于生产要素可以自由流动,导致"人往高处走,水往低处流"的现象非常明显,不同区域都使出浑身解数,吸引生产要素的不断流入,特别是对人才和投资的竞争更加激烈。为了充分反映区域投资吸引力水平,促进不同区域营商环境建设取长补短、协调发展,建立市场监管、政务服务、包容普惠创新三大指标,全面考核相关主体公正监管市场的能力、强化社会信用体系、实施互联网+政务服务、鼓励要素的自由流动、提升创业创新的创造活力、加大市场开放力度、营造宜业宜居宜新环境等满意度与获得感。①指标的具体设定见表2-1:

表2-1 国家营商环境评价指标体系

	一级指标	二级指标
1	1. 开办企业	办理环节(个)
2		办理时间(天)
3		成本费用(占当地全社会人均可支配收入百分比)
4		便利化水平
5	2. 劳动力市场监管	就业监管灵活性
6		就业服务
7		多渠道促进就业
8	3. 办理建筑许可	办理环节(个)
9		办理时间(天)
10		成本费用(占仓库市价百分比)
11		建筑质量控制指数
12		便利化水平
13	4. 政府采购	平台建设水平
14		流程规范性
15		进入公共采购市场的难易程度

① 国家发展改革委:《中国营商环境报2020》,https://hd.ndrc.gov.cn/yjzx/yjzx_add.jsp? SiteId=320,2022年3月15日。

（续表）

	一级指标	二级指标
16	5.招标投标	流程的规范性
17		进入招标投标市场的难易程度
18		提高采购效率和透明度
19		创新招标投标监管体制机制
20	6.获得电力	办理环节(个)
21		办理时间(天)
22		成本费用(占当地全社会人均可支配收入百分比)
23		供电可靠性
24		供电费透明度指数
25		便利化水平
26	7.获得用水用气	办理用水环节(个)
27		办理用水时间(天)
28		用水成本费用(占当地全社会人均可支配收入百分比)
29		办理用气环节(个)
30		办理用气时间(天)
31		用气成本费用(占当地全社会人均可支配收入百分比)
32		用水用气价格(占当地全社会人均可支配收入百分比)
33		便利化水平
34	8.登记财产	办理环节(个)
35		办理时间(天)
36		成本费用(占财产价值百分比)
37		办理便捷度
38	9.获得信贷	法律法规
39		信贷信息体系
40		便利化水平
41	10.保护少数投资者	披露程度指数
42		董事责任程度指数

（续表）

	一级指标	二级指标
43		引导知识产权高质量发展
44	11. 知识产权	打击侵犯知识产权和制售假冒伪劣商品行为
45		提升知识产权运用效益
46		出口边境审核环节（个）
47		进口边境审核环节（个）
48		出口单证审核环节（个）
49		进口单证审核环节（个）
50		出口边境审核时间（小时）
51		进口边境审核时间（小时）
52	12. 跨境贸易	出口单证审核时间（小时）
53		进口单证审核时间（小时）
54		出口边境审核成本（美元）
55		进口边境审核成本（美元）
56		出口单证审核成本（美元）
57		进口单证审核成本（美元）
58		便利化水平
59		办理次数
60	13. 纳税	办理时间（天）
61		成本费用（占财产价值百分比）
62		解决商业纠纷的时间（天）
63	14. 执行合同	解决商业纠纷的成本（占索赔额百分比）
64		司法程序质量指数
65		办理程序
66		办理时间（天）
67	15. 办理破产	成本费用
68		收回金额
69		法律框架

（续表）

	一级指标	二级指标
70		落实监管责任
71		实施"双随机、一公开"监管
72	16.市场监管	信用体系建设
73		推进互联网＋监管
74		规范涉企行政监察和处罚情况
75		审批服务便民化
76	17.政务服务	互联网＋政务服务
77		信息系统整合共享
78		办事效率
79		增强创新创业创造活力
80		促进人才流动
81	18.包容普惠创新	市场开放程度
82		基本公共服务
83		宜居宜业宜新环境

四　我国"最优值"地区营商环境建设比较研究

改善营商环境，是促进中国现代化经济建设的必然要求、是实现经济高质量发展的必由之路。我国营商环境建设始于1978年改革开放时期，源于国家的高度重视和地方本身的着力改革，我国营商环境伴随着社会的发展也得到了优化，围绕优化营商环境，各地各部门推出一大批行之有效的政策，并产生了积极的效果。[①]虽然我国各地区的营商环境得到了较大提升，但根据我国整体以

---

① 刘帷韬：《我国国家中心城市营商环境评价》，《中国流通经济》2020年第9期。

及各地区营商环境的具体发展情况来看,我国营商环境建设还存在着区域发展不平衡等一系列问题。具体表现在沿海东部地区发达、中部地区其次、东北部及西部地区发展落后,其方面原因主要为营商环境水平易受各地区的体制机制、人均受教育年限、自然资源丰裕度、地区政府工作能力等因素的影响,而这些因素在各个地区中存在很大的差异。

对比各地区营商环境建设情况,北京、上海、广州三地走在前列,这三地是世界银行择选的中国营商环境评价城市,同时这些地区在国家发改委、全国工商联、中央电视台、万博经济研究院等各个营商环境评价体系中均名列前茅。此外,近年来,浙江全省域全方位优化营商环境,力争做强做优市场主体,取得了显著成效。国家发改委对 2020 年度中国营商环境进行评估时,浙江省标杆指标的数量位居全国前列;2020 - 2022 年全国工商联"万家民营企业评营商环境"报告中,浙江省连续三年得分位居全国第一,2023 年仍位居全国前列。学习借鉴"最优值"地区营商环境的实践做法,首先就要研究先进省份与城市的营商环境评价指标体系,这将有利于辽宁省在现有营商环境所取得成效的基础上进一步优化营商环境,为辽宁省"营商环境"软实力大幅度提升提供最优路径。

(一)"最优值"地区营商环境评价指标体系的具体内容

1. 北京市——首都营商环境评价指标体系

2018 年,北京市商务局会同北京市统计局组织对北京市各区营商环境进行考核和评价,不同于世界银行营商环境评价指标体系关注企业的全生命周期,我国营商环境评价指标关注政务服务的差异,北京营商环境评价指标体系把考评的重心拓展至经济社会运行层面,以经济社会运行效果为主要指标考察北京市 16 区及北京市经济技术开发区营商环境状况。这一指标体系是北京市为了努力提高经济社会发展水平而制定的,基于我国营商环境的评价指标,根据北京市的实情,加大对经济社会运行内容的评价力度,从以工作为导向,以问题为导向、以结果导向的三个维度共建构了 25 个一级指标和 88 个二级指标。北京市的评价指标与我国国家营商环境评价指标的内容略有差异。主要表现为纳税、跨境贸易、劳动力市场监管和招标投标四项指标内容并未参照中国营商环境评价指标相应的指标内容。[1] 北京市营商环境评价指标体系具体内容如表 2-2 所示。

表 2-2 北京市营商环境评价指标体系

序号	维　度	一级指标
1	工作导向指标	落实市委、市政府重大决策部署
2		加分项
3		减分项
4	问题导向指标	开办企业
5		获得电力
6		登记财产
7		纳税服务
8		跨境贸易
9		办理破产
10		办理建筑许可
11		保护中小投资者

---

[1] 张洪云:《营商环境评价体系研究—世行、国家发改委、北京市指标的比较分析》,http://www.zhzgzz.com/xhtml1/report/2103/541-1.html/,2021 年 3 月 5 日。

（续表）

序号	维　度	一级指标
12	问题导向指标	获得信贷
13		执行合同
14		劳动力市场监管
15		政府采购
16		获得用水用气
17		招标投标
18		政府服务
19		知识产权保护和运用
20		市场监管
21		包容普惠创新
22	结果导向指标	经济活力
23		科技创新
24		依法行政
25		基础环境

注＊因北京市营商环境指标中的二级指标网上未公开,故这里无法列出。

2.上海市人民政府发展研究中心——全球城市营商环境评价指标体系

作为国际主流的营商环境评价指标体系,上海市人民政府发展研究中心与上海发展战略研究所在 2019 年以全球 10 座国际城市与 10 座我国中心城市为研究样本展开营商环境测评,按照企业准入前、准入中、准入后三个发展阶段初步构建出 12 个一级指标与 36 个二级指标。2020 年,上海发展战略研究院将再次聚焦上海发展定位的需求,打造"全球城市"。基于市场化、法治化和国际化营商环境建设的要求,将紧紧围绕企业需求,更新修订原有的全球城市营商环境评价指标体系,建构了更具有兼容性的指标体系,新指标体系包含7个一级指标、21个二级指标、39个三级指标,一二三级指标的具体内容如表2-3所示。

表2-3　全球城市营商环境指标体系(2020年)

序号	一级指标	二级指标	三级指标	数据来源
1	市场发展(15%)	市场潜力度(40%)	地区生产总值(50%)	各城市网站、统计年鉴和新闻报道
2			地区生产总值复合增长率(50%)	各城市网站、统计年鉴和新闻报道
3		市场开放和国际参与(35%)	外商直接投资限制(20%)	《2018年外商直接投资监管限制指数》
4			对外贸易的全球占比(45%)	世贸组织及相关城市网站、统计年鉴和新闻报道
5			国际会议数量(35%)	2018ICCA Statistic Report《2018年ICCA数据统计报告》
6			获取信贷(100%)	世界银行《2020年营商环境报告》
7	产业配套(20%)	高端服务发展(20%)	全球领先金融机构数量(50%)	2019年《福布斯》全球上市公司2000强
8		制造业规模与能级(40%)市场信用(25%)	"四大"办公室数量(50%)	企业官网
9			全球领先制造企业数量(40%)	2019年《福布斯》全球上市公司2000强
10			制造业竞争力(60%)	《2016年全球制造业竞争力指数》
11	基础设施(15%)	港口实力(30%)	国际航运中心发展指数(100%)	《新华·波罗的海国际航运中心发展指数报告2019》
12		机场的枢纽性(25%)	全球最大航空枢纽连接度指数(100%)	《2018年全球航空枢纽连接度指数》

（续表）

序号	一级指标	二级指标	三级指标	数据来源
13	基础设施（15%）	市内交通便捷度（20%）	地铁里程（60%）	Metrobits. org
14			通勤时间（20%）	生活统计类网站 Numbeo
15			拥堵指数（20%）	《2018 年交通拥堵指数》
16		信息设施保障度（25%）	网络速度（40%）	速度测试网站
17			网络安全（20%）	《2019 年智慧城市指数》
18			网络限制（20%）	可持续发展全球系统网络
19	政府服务（10%）	政府服务效率（70%）	开办企业所需时间（45%）	世界银行《2020 年营商环境报告》
20			进出口审核时间（35%）	世界银行《2020 年营商环境报告》
21			电子政务发展指数（20%）	联合国《电子政务发展指数 2018》
22		政府激励（30%）	税收吸引力指数（100%）	http://www. tax-index. org
23	要素供给（10%）	人力资源（30%）	全球人才竞争力指数（100%）	《2019 年全球人才竞争力指数》
24			QS 大学数量（30%）	《2020 年 QS 世界大学排名》
25			劳动力成本（30%）	世界城市文化论坛 2018

（续表）

序号	一级指标	二级指标	三级指标	数据来源
26	要素供给（10%）	办公空间（20%）	甲级写字楼办公空间存量（100%）	戴德梁行官网统计
27		资本融通（25%）	货币自由度（35%）	《2019年货币自由度》
28			股市市值（65%）	世界交易所联合会
29		创新能力（25%）	城市创新指数（100%）	Innovation Cities Index 2018《2018年城市创新指数》
30	宜居品质（10%）	社会公共服务（30%）	医疗卫生指数（45%）	生活统计类网站 Numbeo
31			学校数量（中小学）（45%）	各城市官网及统计年鉴
32			文化设施数量（15%）	《世界城市文化报告2018》，统计年鉴和相关报道
33		生态宜居环境（40%）	绿色空间面积占比（40%）	《世界城市文化报告2018》，统计年鉴和相关报道
34			污染指数（60%）	生活统计类网站 Numbeo
35		城市安全环境（30%）	自然灾害的经济损失（50%）	《2018年劳合社城市风险指数报告》和联合国大学《2019年世界风险指数报告》
36			犯罪指数（50%）	生活统计类网站 Numbeo
37	法律保障（20%）	知识产权保护（40%）	知识产权保护力度（100%）	普华永道报告 Cities of Opportunity 7
38		合同执行（30%）	合同执行（100%）	世界银行《2020年营商环境报告》
39		破产办理（30%）	破产办理（100%）	世界银行《2020年营商环境报告》

注 * 右侧为指标参考数据来源

3. 广东省——省级营商环境评价指标体系

广东省遵循"国际可比、对标国评、广东特色"的设计原则,对标中国营商环境评价指标体系与方法,因地制宜统筹广东省优化营商环境的各项工作部署,构建起具有"广东特色"的营商环境评价指标体系和评价方法。2022年,广东省确立本省营商环境评价指标体系,评价对象为21个地级以上市,共涵盖19个一级指标、75个二级指标。其中,如开办企业、包容普惠创新等等18个一级指标采用中国营商环境评价指标;市场主体满意度则为广东特色指标。广东省在进行评价时,注重以市场主体实际感受作为评价依据,通过对改革结果的跟踪评估,及时掌握市场主体对营商环境的感受、诉求;及时暴露存在的薄弱环节和突出问题,推动各地市找准进一步深化营商环境的发力点,针对性地完善营商环境政策、推进营商环境发展,实现以评促改、以评促优。具体评价指标内容如下表2-4所示。

表2-4 广东省营商环境评价指标体系

序号	一级指标	二级指标	指标要点
1	（一）开办企业	开办企业环节	评价企业从成立到具备一般经营条件,所涉及政府审批和外部机构办事流程
2		开办企业时间	评价企业完成上述开办流程所耗费的时间
3		开办企业成本	评价企业完成上述开办流程所花费的成本
4		开办企业便利度	评价申请人新办企业的便利程度,包括电子营业执照推进情况、新增市场主体数量及增速等方面

（续表）

序号	一级指标	二级指标	指标要点
5	（二）办理建筑许可	办理建筑许可环节	评价企业投资建设普通工业项目，从立项审批到竣工验收、不动产初始登记截止，所涉及的政府审批和外部机构办事流程
6		办理建筑许可时间	评价企业投资建设普通工业项目所耗费的时间
7		办理建筑许可成本	评价企业投资建设普通工业项目所花费的成本，包括行政审批成本、技术审查及第三方行为产生的费用
8		办理建筑许可便利度	评价企业办理建筑相关许可的便利程度，主要考察工程建设项目审批制度改革工作落实情况，包括"一网通办"情况、审批数据共享情况、审批逾期情况、并联审批落实情况、"一张蓝图"、区域评估、联合验收等方面内容
9	（三）获得电力	获得电力环节	评价企业首次获得永久性用电所涉及的政府审批和外部机构办事流程
10		获得电力时间	评价低压报装、高压报装的系统平均办理时间、供电企业承诺时间及行政审批承诺时间
11		获得电力成本	评估企业初次获取电力的费用，以及供电公司投资界面政策
12		获得电力便利度	评估公司初次获取电力的便捷度，包括外线行政审批政策落实情况、政企数据共享、政企联动、规范转供电环节价格和收费行为等方面内容
13		供电可靠性和电费透明度指数	主要评价供电可靠性以及电费是否透明易获知

（续表）

序号	一级指标	二级指标	指标要点
14	（四）获得用水用气	获得用水用气环节	评价企业首次获得供水、供气,所涉及政府审批及外部机构办事流程
15		获得用水用气时间	评价企业首次获得供水、供气所耗费的时间
16		获得用水用气成本	评价企业首次获得供水、供气所花费的办理成本,及供水企业投资界面延伸政策、清理规范供水供气行业收费等方面内容
17		获得用水用气便利度	评价企业首次获得供水、供气的便利程度,包括信息公开、服务渠道、外线行政审批政策落实情况、政企数据共享等方面内容
18	（五）登记财产	登记财产环节	评价企业间转让不动产,所涉及的政府审批及外部办事流程
19		登记财产时间	评价企业间转让不动产所耗费的时间
20		登记财产成本	评价企业间转让不动产过程中按照政府规定必须缴纳的税收和行政事业性收费。
21		登记财产便利度	评价各城市企业间转让不动产的便利程度,包括跨区通办、不动产登记存量数据整改情况、信息公开、不动产信息应用、"不动产＋民生""不动产＋法院""交房即发证"等方面内容
22	（六）获得信贷	企业信贷获得率	评价各城市普惠小微贷款、中小企业信用贷款、中小企业融资担保贷款、知识产权质押贷款、绿色信贷、首贷户数量、银税互动信贷规模等方面情况
23		企业融资便利度	评价各城市金融机构发展情况、直接融资状况、政策性融资担保机制、为促进企业融资推出的政策创新举措和改革落实等方面情况

（续表）

序号	一级指标	二级指标	指标要点
24	（七）保护少数投资者 *	诉讼便利度 *	评价各城市中小投资者在利益冲突情况下受到保护的情况，包括银行、证券期货、保险类纠纷案件诉讼便利度，多元化纠纷解决便利度，上市公司监管，投资者保护宣传教育等方面情况
25		多元化纠纷解决便利度 *	
26		上市公司监管 *	
27		投资者保护宣传教育 *	
28	（八）纳税	纳税次数	评价企业支付所有税费的次数、实际税费申报便利化推进情况等方面内容
29		纳税时间	评估企业准备、申报、缴税所需要的时间，以及各地在缩短纳税时限方面采取的政策措施
30		报税后流程指数	对增值税退税申请、取得时间的评估；企业所得税的更正申报时间、取得企业所得税汇算清缴退税的时间等
31		纳税缴费便利化	评价各城市电子税务局后台审核响应时间、增值税专用发票增量增版审批、简易处罚事项网上办理、税收优惠政策落实、社会保险费退费等方面内容
32	（九）跨境贸易	进出口单证合规时间、成本 *	评价企业开展进出口贸易所涉及的政府审批和外部办事流程的办理时间费用
33		进出口边境合规时间、成本 *	
34		跨境贸易便利度	评价各城市商务、海关、交通、市场监管等相关管理部门为提升跨境贸易便利程度的具体做法，包括推进口岸收费规范、物流枢纽建设、优化通关流程、提升查验效率、物流单证电子化等方面情况

（续表）

序号	一级指标	二级指标	指标要点
35	（十）执行合同	立案便利度	评价各城市立案服务信息化、规范化、精细化改革情况,包括诉讼服务中心建设、网上立案等方面
36		审判质效	评价各城市优化司法资源配置,提升审判质效的改革推进情况,包括审判周期、繁简分流、多元解纷、速裁快审、审判质量、司法公开等方面
37		执行质效	评价各城市执行工作质效,包括执行立案、执行时间、执行工作机制改革、执行方式创新等方面
38	（十一）办理破产	破产债权保护	评价各城市办理破产案件的具体情况以及债权人收回债务的时间、成本、回收率
39		破产制度规范化建设指数	评价各城市在企业破产制度、机制、专业化及信息化建设上对企业再生和企业清算的保障能力,包括提升案件办理质效、规范司法程序、保障管理人依法履职等方面内容
40	（十二）政府采购	电子采购平台*	评价广东省政府采购智慧云平台、深圳政府采购电子平台的功能
41		采购流程	评价采购流程规范性,包括开标、评标、投标保证金收取情况、合同标准文本制定等方面内容
42		采购监督管理	评价监督管理制度建设情况,包括政府采购负面清单制定情况、质疑和投诉机制落实情况、信用体系建设等方面内容
43		拓展政府采购政策功能	评估政府采购在促进中小企业发展的过程中充分发挥政府采购的作用,如对中小企业的预留采购份额保留和落实,政府采购合同融资的推进,绿色采购的支持等

（续表）

序号	一级指标	二级指标	指标要点
44	（十三）招标投标	电子交易及服务平台	评价各城市公共资源交易平台及相关服务平台功能，包括全流程电子化情况，重点关注在线开评标、远程异地评标、在线支付、履约管理功能的实现情况；各城市招标投标电子交易系统与省公共资源交易平台对接情况；CA证书跨区域互认情况
45		交易成本负担	评价依法必须招标项目投标保证金缴纳情况、电子保函推进情况
46		公开透明度	评价招投标各阶段信息公开情况，包括相关法律法规集中公开情况，中标候选人关键信息、投诉处理结果等方面信息公开情况
47		公正监管	评价交易到履约的监管情况，包括从业人员信用评价、异议投诉和行政监管情况、招标投标领域"双随机、一公开"情况
48	（十四）市场监管	"双随机、一公开"监管覆盖率	评价相关部门"双随机、一公开"工作的推进程度，重点关注监管覆盖率、"两库"建设、部门联合抽查等内容
49		信用监管	评估各城市信用体系建设，建立以信用为本的新型监管体系，重点是部门间信用信息共享，信用分级分类监管、信用应用、失信惩戒、信用修复、政务诚信等
50		互联网＋监管*	评估各部门的监控数据与全国"互联网＋监控"系统的数据汇总
51		监管执法规范度	评价各城市监管执法规范性和透明度，包括规范行政执法行为、落实三项制度、执法信息公开、包容审慎监管等内容

（续表）

序号	一级指标	二级指标	指标要点
52	（十五）知识产权创造、运用和保护	知识产权创造质量和运用效益	评价各城市知识产权创造质量提升和价值实现的情况，包括高价值发明专利、知识产权质押融资等方面
53		知识产权全面保护	评估不同城市保护知识产权的途径、方法及保护措施力度，主要包括司法保护、行政保护和社会共治等方面
54		知识产权公共服务	评估各城市知识产权服务的便利、均等化、可及性以及知识产权服务的一体化、信息服务、专利导航、中介机构培育和监督等
55	（十六）政务服务	数字化支撑能力	评价政务数据挂接情况、办件信息与监管数据汇聚、证照汇聚与应用、电子印章制发和使用情况、网上统一身份认证体系、省统一认证平台单点登录、省级平台一网服务等方面内容
56		数字化服务能力	评价政务服务事项管理、地市数据同源、全程网办率、移动端应用服务等方面内容
57		数字化服务成效	评价用户使用度、政务事项减时间和减跑动成效、中介超市使用情况、"好差评"评价数据汇聚、"好差评"评价情况等方面内容
58		政务服务热线效能	评价政务热线整合、专家坐席和涉企专线、知识库动态管理、12345热线效能考核、热线接通率、按时办结率和服务满意率等方面内容

（续表）

序号	一级指标	二级指标	指标要点
59	（十七）劳动力市场监管	聘用情况 *	评价企业的聘用员工情况，包括劳动合同的签订情况，企业用工登记情况以及当地的最低工资标准，合同时长、试用期时长等
60		工作时间 *	评估员工的工作时间，包括用工时间、加班时间、夜间工作等
61		裁员规定 *	评价裁员的法律法规规定，包括企业裁员的报备情况、大规模裁员的应对机制以及劳动争议的工作联动机制等
62		裁员成本 *	评价企业的裁员成本，重点关注裁员的经济补偿金、通知解聘的时限等
63		工作质量	评价各城市劳动力市场监管和公共就业服务情况。包括和谐劳动关系构建、公共就业服务便利化、多渠道促进就业、多元化劳动争议解决、劳动者权益保护等
64	（十八）包容普惠创新	创新创业活跃度	评价各城市创新创业的整体发展水平，包括创新创业载体和主体发展情况、创新创业投入产出、研发支撑能力以及高新技术企业培育状况等方面
65		人才流动便利度	评价各城市各类人才及人才载体发展现状，包括人才引进机制、人才培育情况等
66		市场开放度	评价各城市对外资金的吸引力，包括进出口贸易、对外投资合作和利用外资等情况
67		基本公共服务满意度	评价各城市文化服务基础设施供给、各教育阶段的教育资源配置供给、基础医疗服务、养老服务等方面的情况

（续表）

序号	一级指标	二级指标	指标要点
68	（十九）包容普惠创新	蓝天碧水净土森林覆盖指数	评价各城市生态环境保护和污染治理情况,主要涉及空气质量、水体质量、土壤保护和森林绿化等方面
69		综合立体交通指数	评价各城市立体交通基础设施建设和运输情况
70		产业链和产业集群指数 *	评估各个城市的产业链现代化水平、产业集群、产业竞争能力,包括产业集群数量、高新技术制造业和战略性新兴产业发展、产业集群建设扶持及上下游产业链引导、产业公共配套服务、重点项目招引落地等内容
71	（二十）市场主体满意度	要素环境	以当地营商环境为研究对象,探讨不同市场主体对当地营商环境的满意度。本研究以广东省工商联 2021 年全省民营企业评价情况为依据
72		法治环境	
73		政务环境	
74		市场环境	
75		创新环境	

注:带"＊"的指标为考察法律法规内容或省统一建设平台,省内无差异,设为观察指标。

　　广东省在对 21 个地级以上市进行营商环境评价时,以网上公开搜集到的政策文件、工作流程图、办事指南等信息数据为采样标本,若已出台相关政策但在网上无法查询,将不作为评价依据。

　　4.浙江省——省级营商环境评价指标体系

　　浙江省发改委发布《2019 年浙江省营商环境评价实施方案(试行)》将浙江省 11 个设区市及其管辖的县(市)作为考核目标,并委托第三方机构进行考核,根据各部门的权限,建立了设区市、县(市)两套评价指标体系。指标划分为 5 个维度,其中设区市的营商环境评价指标体系包含 21 项一级指标、90 项二级指标。其中 11 个一级指标,是从世界银行评价指标中提取的。10 个一级指标,是浙江省的特色指标。县（市）营商环境评价指标体系包括20项一级指标和65项二级指标。这一指标是相对于设区市的指标体系提出的，依据二者事权不同而有目的地删减了事权基本不在县域事权的1项一级指标、25项二级指标。[①] 具体指标的内容见表2－5。

表2－5　浙江省营商环境评价指标体系[②]

序号	一级指标	二级指标	省级牵头责任部门
维度一　服务企业全生命周期			
1	（一）开办企业（参评指标）	开办企业手续（个）	省市场监管局
2		开办企业时间（天）	
3		开办企业费成本（占当地全社会人均可支配收入百分比）	
4		办理便捷度	
5	（二）办理建筑许可（参评指标）	办理建筑许可手续（个）	省建设厅
6		办理建筑许可时间（天）	
7		办理建筑许可成本（占仓库市价百分比）	
8		建筑质量控制指数（0—15）	
9		办理便捷度	
10	（三）获得电力（参评指标）	获得电力手续（个）	省能源局省电力公司
11		获得电力时间（天）	
12		获得电力成本（占当地全社会人均可支配收入百分比）	
13		供电可靠性和电费透明度指数（0—8）	
14		办理便捷度	

---

① 浙江省发展和改革委员会：《浙江省营商环境评价实施方案（试行）》，https://fzggw. zj. gov. cn/art/2019/11/29/art_1599544_40618962. html，2019年11月29日。

② 浙江省发展和改革委员会：《浙江省营商环境评价实施方案（试行）》，https://fzggw. zj. gov. cn/art/2019/11/29/art_1599544_40618962. html，2019年11月29日。

（续表）

序号	一级指标	二级指标	省级牵头责任部门
15	（四）获得用水用气（参评指标）	获得用水手续（个）	省建设厅
16		获得用水时间（天）	
17		获得用水成本（占当地全社会人均可支配收入百分比）	
18		获得用气手续（个）	
19		获得用气时间（天）	
20		获得用气成本（占当地全社会人均可支配收入百分比）	
21		用水用气价格（占当地全社会人均可支配收入百分比）	
22	（五）登记财产（参评指标）	登记财产手续（个）	省自然资源厅
23		登记财产时间（天）	
24		登记财产成本（占财产价值百分比）	
25		土地管理质量指数（0—30）	
26		办理便捷度	
27	（六）获得信贷（参评指标）	合法权利度指数（0—12）*	省法院
28		信用信息深度指数（0—8）*	人行杭州中心支行
29		征信机构覆盖面*	
30		企业融资便利度	
31	（七）保护少数投资者*（观察指标）	披露程度指数（0—10）*	浙江证监局
32		董事责任程度指数（0—10）*	省法院
33		股东诉讼便利度指数（0—10）*	浙江证监局
34		股东权利指数（0—10）*	
35		所有权和管理控制指数（0—10）*	
36		公司透明度指数（0—10）*	

（续表）

序号	一级指标	二级指标	省级牵头责任部门
37	（八）纳税 （参评指标）	纳税时间（小时/每年）	浙江省税务局
38		总税收和缴费率（占利润百分比）	
39		报税后流程指数（0—100）	
40		网上综合办税率（%）	
41	（九）跨境贸易 （参评指标）	出口边境审核时间（小时）*	杭州海关 宁波海关
42		进口边境审核时间（小时）*	
43		出口单证审核时间（小时）*	
44		进口单证审核时间（小时）*	
45		出口边境审核成本（美元）*	省交通运输厅 省口岸办
46		进口边境审核成本（美元）*	
47		出口单证审核成本（美元）*	
48		进口单证审核成本（美元）*	
49		当地海关报关单量及同比增幅（观察指标）	
50	（十）执行合同 （参评指标）	解决商业纠纷的时间（天）	省法院
51		解决商业纠纷的成本（占索赔额百分比）	
52		司法程序质量指数（0—18）	
53	（十一）办理破产 （参评指标）	收回债务所需的时间（年）	
54		收回债务所需的成本（资产价值百分比）	
55		回收率（%）	
56		破产框架力度指数（0—16）*	
57	（十二）注销企业 （参评指标）	注销企业手续（个）	省市场监管局
58		注销企业时间（天）	
59		注销企业费成本（占当地全社会人均可支配收入百分比）	

（续表）

序号	一级指标	二级指标	省级牵头责任部门
维度 2 促进公平竞争			
60	（十三）市场开放（参评指标）	外资开放度 *	省商务厅
61		市场准入负面清单落实度	省发展改革委
62		人才流动活跃度	省人力社保厅
63		双创整体活跃度	省科技厅
64	（十四）政府采购（参评指标）	政府采购信息化程度指数 *	省财政厅
65		采购过程便利度	
66		采购履约保障程度	
67		办理便捷度	
68	（十五）公共资源交易（参评指标）	招投标信息化程度指数	省发展改革委
69		交易履约保障程度 *	
70		外地企业权益保护	
71		市场主体诉求响应程度	
维度 3 体现公正监管			
72	（十六）市场监管（参评指标）	"双随机、一公开"落地率	省市场监管局
73		监管信息透明度	
74		监管信息共享程度	
75	（十七）信用体系和信用监管（参评指标）	信用制度建设程度 *	省发展改革委
76		基础设施建设程度 *	
77		守信激励和失信惩戒 *	
78		信用监管水平	省市场监管局
维度 4 优化服务供给			
79	（十八）政务服务（参评指标）	"移动办事"便利度	省大数据局
80		政策知晓度	省经信厅
81		政务服务企业满意度	
82	（十九）公共服务（参评指标）	现代交通物流便利度	省交通运输厅
83		生态环境指数	省生态环境厅
84		公共服务社会满意度	省统计局

（续表）

序号	一级指标	二级指标	省级牵头责任部门
维度五　激发创新活力			
85	（二十）知识产权活力（参评指标）	申报质量	省市场监管局
86		运用活跃度	
87		保护水平	
88	（二十一）服务非公经济（参评指标）	产业基金服务中小微企业活跃度＊	省财政厅
89		企业帮扶力度	省发展改革委
90		企业权益保护程度	省经信厅

注：加＊指标为该指数只适用于设区市，而不对县（市）展开评价。浙江省营商环境评价指标体系将指标设置为两类：参评指标和观察指标。主要采取参评指标进行打分计评的方法，观察指标不计入总分数。

（二）"最优值"地区营商环境评价指标体系的规律性研究

1. 我国"最优值"地区营商环境评价指标的共性特点

（1）"最优值"地区的指标设置均参照权威指标体系

北京市的营商环境评价指标体系以世界银行的营商环境指标与我国 2018 年出台的营商环境评价指标为基础，在部分沿袭二者指标经验设置的基础上，创造性地构建测评北京市营商环境评价指标体系。除在沿袭上述权威指标体系的基础上根据市情部分增修、删减了一些具体指标，例如在多项二级指标下增设了"满意度"这一评价标准。上海市人民政府发展研究中心与上海发展战略研究所以打造"全球城市"为出发点，收集了国内外 20 个发达经济活力城市样本数据进行指标设置，其指标设置来源于国内外官方权威数据，严谨性成为其突出特点。例如，世界银行的《商业环境报告》、世贸组织和联合国的官方数据以及国内各年度及各省份《统计年鉴》等等。在权威数据的基础上进一步修订原有全球营商环境评价指标体系。广东省于2021年出台的省级营商环境评价指标的设置遵循"国际可比、对标国评、广东特色"这一基本理念,对照世界银行指标体系,在整体省级指标设置框架上参照我国营商环境指标体系。浙江省发展和改革委员会于2019年试行的省级营商环境评价方案中一半以上的一级指标设置均选取自世界银行。综上,在构建辽宁省营商环境指标体系过程中,对于指标的设置,尤其对于多级指标的选取,应在参照国内外官方权威指标体系的基础上构建出具有辽宁特色的地方性省级营商环境评价指标体系。

(2)"最优值"地区的指标设置总体呈现市场化、法治化、国际化趋势

党的二十大报告指出,要持续优化市场化法治化国际化营商环境,在上述背景下,"最优值"地区构建的营商环境指标尽管在指标设置的依据方面存在不同,例如北京市的指标体系依据"三维度"导向划分一级指标,并且其指标选取多来自"世界银行",从这一点上充分体现了市场化法治化国际化趋势;上海市的全球营商环境评价指标着眼于全球发达城市,设出详细的三级指标,将指标的划分更加细致,尤其是其市场化国际化特征非常明显。如包含了"市场开放""国际参与"和"全球人才竞争指数"等测评指标。广东省加入了对"市场主体满意度"的测量,浙江省则加入了对"促进公平竞争"和"激发创新活力"等方面的测评。尽管如此,不难发现不论其指标设置的层级结构或者是维度导向有何不同,最终具体测评指标的设置均体现出了市场化、法治化、国际化趋势,例如围

绕"企业办结事项""法律保障""国际贸易"等层面设置的指标等。与此同时,近年来伴随着"互联网＋"技术的迅猛发展,数字经济已蔓延全球,在数字治理的大背景下,营商环境建设面临着全新而特殊的挑战,在当前数字经济发展的潮流中,又该如何持续改善营商环境?一般建议省级指标在设置中更加关注数字经济大环境,在营商环境指标体系设置中合理设置数字化指标,从而推动营商环境建设更加符合数字治理和数字经济的发展趋势。

（3）"最优值"地区的指标设置均从研究对象出发,具体情况具体分析

北京市构建的市级营商环境指标测评以北京市各区域营商环境状况为研究对象;上海市是我国经济中心,对于营商环境的测量侧重于国际发达中心城市,故上海市的全球营商环境指标以国内外 20 个发达的中心城市为研究对象,通过衡量发达中心城市的营商环境并进行排名分析,达到以评促优的结果,进一步发挥上海的经济辐射力与创造力,促使其成为我国乃至世界上的经济活力城市。而广东省与浙江省出台的省级营商环境指标则将衡量的研究对象定位于省内区域,根据测评目的与研究对象的不同,遵循实际情况,具体问题具体分析,构建出行之有效并符合研究对象特点的营商环境指标体系。

2. 我国"最优值"地区营商环境评价指标的创新性特点

（1）北京市——指标设置的精细化与执行化

北京在全国率先开展了区域营商环境评估,建构了包括市场化法治化国际化等多个层面的综合评价指标体系,该指标体系结合北京实际,通过全社会层面来衡量区域营商环境友好程度,在指

标的设置上更加精细,如在"结果导向"维度通过设置经济活力、科技创新、依法行政、基础环境等四个一级指标,使不同层面的指标能够更加详细地测评区域营商环境。此外,北京市构建的市级指标体系还将政府部门实施上级部门重大决策部署作为一项指标设置了一系列的加分项与减分项,督促政府部门单位有所作为,以进一步优化区域营商环境。

(2)上海市——指标设置的可量化与易操作

上海市全球营商环境评价指标聚焦"全球中心城市"营商环境测度,鉴于其研究对象为全球发达城市,故在设置评价指标的过程中,对于数据来源的把握十分严谨,其具体指标的数据来源选取自具有国际认可的国内外权威官方机构,例如,世行的《营商环境报告》《统计年鉴》、联合国等相关资料,这不仅确保了数据的真实性,也确保了数据的准确性和权威性。此外,上海市营商环境评价指标体系对于指标单位的处理也十分严谨,指标量化程度高,可操作性强。同时,每一指标后都会明确标明其指标单位。这不仅仅大大简化了测评工作,还能有效防止在测评过程中对指标单位数值产生歧义,从而起到统一共识的作用。

(3)广东省——指标设置的市场化与具体化

广东省省级营商环境评价指标的设置结合当地实际情况,在19个一级指标中设置了"广东特色活力"指标,即"市场主体满意度"指标。注重考虑市场主体的实际感受,并以此为评价依据。"市场主体满意度"指标主要用于考察市场主体对广东省营商环境建设的满意度,并通过使用广东省工商业联合会2021年的"广东全省民营企业评营商环境"调查数据进一步对要素环境、法治环境、政务环境、市场环境和创新环境等五个二级指标进行考察。已有研究表明,在市场化水平高的区域,其经济主体的自由度也更高。此外,广东省的营商环境指标在设置中除上述市场化特色外,还具有具体化的特点。具体而言,广东省在二级指标设置下附有衡量该二级指标的详细要点内容,确保顺利推进测评过程;同时,坚决破除唯排名论,通过指标评价跟踪监测营商环境改革成果,以及时了解市场主体对营商环境的实际感受和正当诉求,暴露存在的薄弱环节和突出问题,从而进一步促使广东省各地级市在深化营商环境改革中找准发力点,使营商环境政策有的放矢,达到通过指标评价助推营商环境新变革的目的。

（4）浙江省——指标设置的个性多元化与责任分工化

浙江省的营商环境指标设置颇具特点,在世界银行营商环境评价指标基础之上又开辟了具有浙江省特色的 11 个一级指标,该指标是以浙江省 11 个设区和下辖的县级市为目标,以事权的不同设置了两套指标体系,有的放矢地根据地方区域事权、经济发展状况合理增删指标,浙江省的指标体系尤其重视公平公正与优化服务效能,构建的二级指标多含有活跃度、满意度、便利度、共享度、透明度等多元测评指标。此外,该指标体系还强调责任分工化,将指标合理匹配分解到各个相关省级部门,由省级部门牵头完成,一方面这些部门在测评过程中能够发挥省级政府部门的权威性;另一方面也能充分发挥各部门的职能,督促省级部门及时发现各评价指标可能存在的缺陷,及时修订完善,从而进一步优化营商环境。

综上所述,无论是首都营商环境评价指标、省级营商环境评价指标抑或是测评全球营商环境指标,其指标体系的构建均是以现行国际国内官方指标为基础,研究符合具有本地特色的营商环境评价指标体系,故辽宁省在构建营商环境评价指标体系的过程中也应遵循国际国内指标大环境框架,同时研究具有辽宁本土化特色的营商环境评价指标体系。

(三)"最优值"地区营商环境建设的优秀做法

1. 北京

北京地区各个行业的持续发展得益于北京营商环境的持续改善。党中央、国务院对优化营商环境工作十分重视,尤其对于北京、上海、广州等重要城市提出要带头加强"优化营商环境建设"的要求。北京作为我国的首都,在改善营商环境的过程中,始终秉持着"树牢首都意识,坚持首善标准",持续努力建设国际一流的营商环境高地的目标。北京地区营商环境建设的经典做法主要体现在四个方面:

(1)规划引领营商环境改革

北京市于 2017 年 9 月以投资、贸易、生产经营和人才、法治五大内容为目标发布了《关于率先行动改革优化营商环境实施方案》,共出台改革措施 26 个、政策清单 136 份,对优化营商环境进行系统部署。2018 年 7 月 31 日北京继续出台深化改革行动计划,共涉及 9 大领域 117 项改革举措,包括 29 项与营商环境相关的改革,这一行动计划所含内容数量之多,涵盖面之广,亦足以证明北京高度重视营商环境建设工作。2021 年 9 月 8 日,北京市发布了《"十四五"时期优化营商环境规划》,它不仅是首都北京首次编制 5 年营商环境专项规划,在全国各省和直辖市中也是首例,充分展现了北京全力以赴打造一流营商环境的决心和行动。该规划提出了"十四五"时期优化营商环境的目标体系和 356 项改革任务,成为指导"十四五"时期优化营商环境工作的重要依据。

（2）制度保障营商环境优化

为了营造国际一流的营商环境,北京坚持制度先行,并多次发布优化营商环境的相关政策法规,如《关于优化营商环境调整完善北京市固定资产投资项目节能审查的意见》《北京市发展和改革委员会等 10 部门关于印发北京市工程项目招投标领域营商环境专项整治工作实施方案的通知》《北京市营商环境创新试点工作实施方案》《北京市培育和激发市场主体活力持续优化营商环境实施方案》等,其中 2020 年发布的《北京市优化营商环境条例》下称《条例》突出制度创新,规范行政行为,构建优化营商环境总体框架,为持续改善营商环境奠定了坚实基础。《条例》着重提出五项制度创新:告知承诺审批制度、信用监管制度和标准化政务服务制度、以区块链等新一代信息技术为基础的数据共享和业务协同体系制度、以法治为基础的政策保障体系制度等,该条例提出了优化营商环境的新举措,是建设高质量营商环境的关键环节。①

同时,北京市人大常委会为切实保障《条例》改革措施的实施效果,梳理了 82 项即将出台的配套政策措施,包括已经出台的 24 项政策措施和需要出台的 58 项配套政策措施,共涉及 44 家单位,主要集中在营造平等开放的市场环境、提供高效便利的政务服务、

---

① 北京市人民代表大会常务委员会:《北京市优化营商环境条例》,http://www.bjrd.gov.cn/rdzl/dfxfgk/dfxfg/202208/t20220830_2803167.html,2022 年 8 月 29 日。

简化行政审批、实行公平公正监管、建立健全法治保障体系五大方面。

（3）以人为本解决实际问题

改革"改"什么，优化营商环境"优"什么？改的是问题，优的是服务。北京市将是否能推动经济社会发展，是否能给人民带来切实的获得感，以此作为衡量改革效果的指标，并将其作为优化营商环境的宗旨。北京市通过听取企业代表意见、公众评价收集、网上征求意见、12345电话收集诉求等方式，制定上千条问题整改清单，做到条条有落实、件件有反馈。例如，针对建筑许可办理手续繁多，耗时较长等特点，率先在社会投资简易低风险项目的核准、监督、验收等方面先行，注册实行全封闭式管理。根据世界银行《2020营商环境报告》，北京市办理建筑许可环节由23个减至5个，办理时限由208天压缩至20天。[1] 同时2019年，北京市首创低风险项目审批模式，截至2023年10月，全市共核发建筑工程施工许可证近1.7万个。低风险项目施工许可证办理时限也进一步压缩，对直接办理施工许可证的，3个工作日内审批通过；对规划许可、施工许可合并办理的1个工作日内审批通过；对社会投资低风险小型建设项目受理当日即时办理通过。[2]

---

① 世界银行：《营商环境报告2020》，https：//openknowledge. worldbank. org/server/api/core/bitstreams/75ea67f9-4bcb-5766-ada6-6963a992d64c/content，2019年10月23日。

② 新京报：《中国营商环境跃居全球第31位专家解读北京做何种贡献》，https：//baijiahao. baidu. com/s? id＝1648684678953074200&wfr＝spider&for＝pc，2019年10月29日。

（4）电子化服务加快办事效率

北京积极推进电子营业执照、电子印章、电子发票跨部门、跨行业以及跨领域互通、互认、互用，不断优化"互联网＋"环境下的政府管理和服务方式，通过智聚企业办事，赋能政务服务，让企业和民众获得感更加充实。为持续优化营商环境，北京市还打造"AI＋人工"客服新模式，为办事企业开展多元化的咨询服务，并将服务时效扩展到 7 天×24 小时模式，进一步提高了企业办事便利度。另外，自 2021 年 1 月 20 日起，北京市新开办企业在获得电子执照的同时可免费获得一套电子印章，实现开办企业领域执照、印章和发票"三大件"电子化模式全覆盖。① 全市建立统一的一站式服务平台"e 窗通"，把原来分散在各部门的营业执照申请、公章发放、发票领取和员工"五险一金"登记和银行开户等多个环节进行合并，实现开办企业 1 次申报、1 天办结、"零成本"。

2. 上海

为持续营造市场化法治化国际化的营商环境，加强制度整合，进一步推进世界一流营商环境建设，全面提升上海营商环境的国际竞争力，上海始终保持先行先试、敢闯敢试的浦东精神，贴近市场需求和企业需求，推出了一系列创新制度和服务举措，已经为各地优化营商环境探索出了众多可复制、可推广的上海经验。

（1）创新容错纠错制度

《上海市优化营商环境条例》规定，对相关单位或个人在改革创

---

① 市场监管总局：《优化企业开办服务、营造良好营商环境有关情况专题新闻发布会》，http://www.gov.cn/xinwen/2021-04/29/content_5603688.htm，2021 年 4 月 29 日。

新探索过程中发生的错误或偏差应当按照国家及上海的有关规定作出决定并予以执行,若勤勉尽责,没有牟取私利,不得给予负面评价或依法免责。也可以从轻处罚。上海市为优化营商环境创建了适度容错的机制,保护了创新创造,以发展的眼光依法评判企业经营失误,妥善把握"罪与非罪"界限,准确区分单位犯罪与个人犯罪,继续探索单位犯罪认罪、认罚从宽制度,切实维护了企业合法权益。对涉事企业或个人在新技术、新产业、新业态、新模式等方面依法采取了更加宽缓的措施,既留足了发展空间,也恪守了法治底线。可以说上海市的创新容错制度进一步调动了企业改革创新的积极性。

(2)推动加强跨区域合作与联动

上海着力构建创新制度高地以改善营商环境,一是扶持浦东新区在各方面先行先试,具体包括深化"一业一证"改革,探索实行产业综合许可的单轨制和产业综合许可证有效期的统一标准;推动商事主体登记确认制度改革,创新简易注销、强制除名、强制注销、承诺制注销和代位注销方式,进一步推动企业准入退出便利化改革;二是扶持临港新片区的高水平制度型开放,围绕以"五自由,一方便"为主线的制度框架加快建设更多具有国际影响力、竞争力的特殊经济功能区;三是以虹桥商务区为依托,打造高水平的国际贸易营商环境;四是在营商环境方面积极主动地强化区域合作,积极推进长三角地区与试点六城市的深入合作,联合建设高水平营商环境示范区。①

---

①　上海市发展和改革委员会:《上海市营商环境创新试点实施方案》,https://fgw.sh.gov.cn/fgw_yshjjs/20211229/060c251e8b404a9db7144b851934fee8.html,2021年12月27日。

（3）优化服务助力营商便利

就政务服务而言，《上海市营商环境创新试点实施方案》（以下简称《实施方案》）重点关注企业的高频事项，进一步完善对应的办事流程：比如，开通企业变更登记全程网办系统，解决线上和线下处理同步、同标的问题；再如，开展"一站式"全流程方便服务，做到足不出户、"掌"上天下。

就企业服务而言，《实施方案》建议用"技术与数据"赋能：如完善"企业专属网页等"功能，逐步加大政策精准推送力度，以及政策"免申即享"的覆盖范围；再如，完善统一的建设标准、内容全面的"一网通办"知识库，使企业"高效办大事"蔚然成风等。[①]

（4）监管改革保障良好营商环境

上海市为促进营商环境优化，在监管领域主要做了以下工作：

从监管方式看，以综合监管改革为重点，完善全链条、全流程全面监管机制，尽可能减少监管给市场主体正常运行带来的冲击。

从监管手段来看，深化"互联网＋监管"工作，积极利用技术赋能监管，构建统一的综合执法系统，做到执法行为全过程动态监管。

从监管效能来看，推进"双随机，一公开"监管与信用监管深度融合，健全分级分类"信用加智慧"管理，增强事后监管的整体效能。[②]

---

① 上海市发展和改革委员会：《上海市营商环境创新试点实施方案》，https：//fgw.sh.gov.cn/fgw_yshjjs/20211229/060c251e8b404a9db7144b851934fee8.html，2021年12月27日。

② 贾楠：《上海推出172项改革举措，加大优化营商环境改革力度》，https：//news.sina.cn/sh/2021-12-29/detail-ikyamrmz1920623.d.html? vt＝4，2021年12月29日。

3. 广州

广州较早在全国开展了营商环境研究,其营商环境评价指标体系的建立为全国营商环境评价奠定了基础。按照国家和省的部署要求,广州坚持对标最高、最好、最优,迭代实施营商环境 1.0 到 4.0 改革:1.0 改革聚焦行政审批领域"简政放权";2.0 改革瞄准重点领域推进"指标攻坚";3.0 改革着力实施行政审批跨部门"流程再造";4.0 改革以"绣花功夫"全方位提升政府管理服务水平。近年来广州市稳步实施了 428 项改革举措,连续 2 年在国家营商环境评价中排名前列,全部 18 个指标获评"全国标杆",同时,也连续 2 年在广东省营商环境评价中排名第一,获得社会各界的广泛认可。

(1) 包容审慎监管助力广州营商环境优化

广州作为国际认可的大商贸中心,正在注重通畅新的流量以打造广州新的经济区域,为了更好地适应新兴经济的快速发展,广州对"四新"(新技术、新产业、新业态、新模式)企业提出特殊性的、适应性的监管制度和政策,更有针对性地调整优化营商环境。在此背景下,广州制定和推行了包容审慎监管制度,率先在国内监管执法领域推出免处罚、免强制"双免"监管方式,出台了"双免"措施,对"四新"企业等市场领域内的轻微违法经营行为,依法免除处罚和强制执行。[①]

(2) 强化服务意识

近年来,大项目、好项目的陆续落地,是广州持续优化营商环

---

①　杨姝琴:《以包容审慎监管助力广州营商环境优化》,《国际商务财会》2021 第 8 期。

境、着力打造市场法治化和国际化营商环境的必然结果。广州在不断深化行政审批制度改革的过程中，创建出了多项提高服务效率的有效措施，建立了"快速审批制度""信任审批""来了就办、一次搞定"等改革方案，推行预约审批、订制审批、集中审批、分类审批、现场审批，"秒批"政务服务项目在全国率先推行，覆盖14个部门223项业务，实现涉企证照"44证合一"，企业开办1天内完成。另外，广州多次举行企业"吐槽大会"，收集企业集中反映的服务审批问题，在此基础上不断完善服务流程，优化服务质量。

（3）以法兴企，政策扶持

广州始终坚持厉行法治，始终坚持市场化法治化国际化改革方向，推进科学立法、严格执法、公正司法、全民守法，用法治规范政府和市场的边界，用法治保障和推动营商环境建设。广东省法学会、广东省工商联等多个单位联合主办的"以法兴企"系列活动，专门针对"知识产权的法律风险防范""涉外用工的法律保障""商事纠纷的解决途径""进出口海关的法律和规定""境外投资的法律风险防范"等进行讨论与完善，为优化营商环境提供法治保障。此外，广州为保证各项优化营商环境的措施有效落实，制定了《广州市建设国家营商环境创新试点城市实施方案》《广州市优化营商环境条例》《广州市促进优化营商环境政策落实情况专项审计（战略性新兴产业专项资金）整改》等多项政策法规，并提出了"民营及中小企业十八条""全面降成本、降税费"等多项针对企业的优惠政策，破解融资难融资贵，全面减轻企业税费负担，支持企业自主创新，为民营企业、中小企业发展创造更好条件。

4. 浙江

在优化营商环境方面,浙江省以改革为突破口,与国际接轨,建立了独特的营商环境指标体系,推进"放管服"改革,加快政府职能深度转变,充分发挥市场活力,以数字化变革为导向,打造市场化法治化国际化营商环境,形成一批"重要窗口"的标志性、普惠性制度改革成果,努力打造营商环境最优省,打造具有中国特色、浙江辨识度的国际一流营商环境。

(1)"最多跑一次改革"助力服务提升

为推进"放管服"改革,浙江省首次提出"最多跑一次"改革,这一举措为优化营商环境提供了良好的契机,营商环境改革借此实现了多项审批事项的优化。首先,实现审批事项的标准化。浙江省在"最多跑一次"改革的基础上,以国务院调整审批事项的 19 个文件为标准,梳理了本省份内全流程审批事项,最终形成了标准化的审批事项清单。其次,实现申报材料的简化。在企业投资项目审批中,浙江省将审批材料实现"八统一",以"能减则减、能合则合、能共享则共享"的原则,尽可能减少申报材料的数量,降低申报难度。除此之外,浙江省还借助"最多跑一次"改革,推行多个事项服务一体化、省市县一体化、一网办理、一网互通等举措,充分实现了营商环境的服务优化。

(2) 构建营商环境特色指标体系

2019 年,浙江省颁布《营商环境评价实施方案(试行)》,强调构建具有浙江省特色的营商环境指标体系。其中,浙江省自贸区为制定特色指标体系,构建了涵盖自贸试验区实际特点的营商环境评价指标体系 35 项,其中包括 3 项创新指标和 1 项观察指标。

（3）良好的市场营商氛围

浙江省就提高商事法律服务的质效而言，进行了以下创新：推进市场主体法律顾问网格化、全覆盖；聚焦企业全生命周期提供高质量法律服务；规范和精简公证证明材料，大力推行"公证＋不动产登记"延伸服务；律师违法行为调查权可由违法行为发生地司法行政机关行使；市场主体法律顾问服务在经济功能区 100％ 覆盖。就营造创新创业的良好氛围而言，浙江省实行精简预算编制和项目经费包干制；就促进公共服务普惠共享而言，推行电子病历、对检查结果进行检验、诊疗信息与其他医院互通共享等等；推进公共体育场馆免费或低收费开放，打造城市社区"10 分钟健身圈"；着力破解异地就医报销难、车检难、公证难等问题。

（四）"最优值"地区营商环境建设的共性因素

中国政府高度重视优化营商环境工作，确定北京、上海、广州等重点国家城市要率先改革作出表率。为此，北京、上海、广州、浙江等地陆续发布多项改革措施，并根据当地情况提出多项创新方法，形成了许多成功的、可复制的经验，这几个城市也成为世界银行营商环境评价的样本，在我国多种营商环境评价指标体系测评中保持名列前茅。这几个地区的成功因素主要依赖其在政务环境、市场环境、法治环境、数字环境、开放环境等五个方面的改革创新。

1. 政务环境方面

在政务环境上，这些地区均提出提高政务服务效率的做法，倡导"互联网＋政务"，以期实现一网通办，提高企业办事效率与质量。如:北京通过"一企业一电子印章"来实现每家企业执照、印章和发票"三大件"电子化模式全覆盖,并建立了北京市统一办理事项的一站式服务平台"E窗通";上海建立了"全类型、全事项、全流程"的企业变更登记全程网办系统,所有服务事项网上都可办结,实现电子化无纸服务,并为企业办事提供在线智能客服"小申";广州市首创"12345"审批服务机制,实现涉企证照"44证合一",区域试点上线"商事服务区块链平台"。浙江省首次提出"最多跑一次"改革,实现了审批事项的标准化、申报材料的简化,多个事项服务一体化、省市县一体化、一网办理、一网互通等,助力提升营商环境服务。总之,北京、上海、广州、浙江在政务改革上的措施解决了企业的办事时效需要,提高了服务质量,为企业提供了可靠的政务后勤保障,成功打造了优质的政务环境。

　　2.市场环境方面

　　在市场环境上,这四个地区均为保护公平、诚信、稳定、可预期的市场环境提出了相应的改革措施。北京提出优化政府采购营商环境,提高政府采购的透明度、便利度,并有效降低交易成本,保护企业权利,加强政府诚信;上海为保证稳定的市场环境制定相应的制度加强市场监管,建立事中事后监管机制,重视多种监管方式,构建"双随机、双评估、双公示"联动监管闭环系统;广州进行了知识产权运用与保护的综合改革试验,倡导知识产权全链条服务,并针对服务机构落户、经营贡献奖励、交易激励、金融扶持、信息分析奖励、保护资助、培训扶持等方面制定了相应的扶持政策,保障企业的权利,以支持企业的发展;浙江省在维护市场秩序上,优化市场监管方式,强化审查制度刚性约束,加大民生领域反垄断力度,建立常态化举报调查、问题主动发现机制，打造公平有序的市场环境。可见上述几个地区在保障市场环境的公平、有序、可预期方面形成了广泛共识。

3. 法治环境方面

在法治环境上，最优值地区均为确保营商环境优化制定了强有力的法治保障。如：北京市强调在重要的改革措施上要有法有据，为此，北京市制定了多项政府规章制度、行政规范、地方性法规以确保各项改革措施的有效落实；上海在优化营商环境上十分重视司法、执法工作的完善，严格规范企业违法犯罪行为，维护市场秩序，保护市场主体权利，并提出强化法律监督、司法为民；广州自优化营商环境以来厉行法治，通过广东"以法兴企"系列活动以及"1＋1＋9"法治化工作部署，提出要以法治厘清政府与市场的职责与边界；浙江省在营商环境法治建设上，努力提升商事法律服务质效，推进市场主体法律顾问网格化、全覆盖，实现市场主体法律顾问服务在经济功能区 100％覆盖。可见，四个"最优值地区"均有力落实了"法治是最好的营商环境"的理念。

4. 数字环境方面

2020 年，习近平总书记首次提出"数字营商环境"的概念。[①]近年来，以世界银行为代表的国际组织和我国一些发达地区积极开展数字营商环境的改革试验。上海作为国际化大都市在营商环境的建设上不断前行，"数据多跑路、群众少跑腿"是其营商环境优

---

① 习近平：《携手构建亚太命运共同体——在亚太经合组织第二十七次领导人非正式会议上的发言》，https：//baijiahao. baidu. com/s？id＝16838867831416875864&wfr＝spider&. for＝pc，2020 年 11 月 20 日。

化的重点内容,主要包括总门户的建立和协同办理新机制的建立;北京市坚持科技赋能的创新发展模式,依托5G、云计算、大数据等新技术,持续推进政务数据治理和共享应用,加快构建"用数据说话、用数据决策、用数据管理、用数据服务、用数据创新"的数字政务发展新格局,最大限度释放数据资源的价值与活力。同时,北京市构建了共性基础应用、具体业务应用、基层试点应用的区块链多元应用体系。目前,北京市50余个部门和企业已纳入联盟链,落地400余个具体应用场景,打通跨区域、跨层级数据400余项,推出电子证照多端应用、不动产登记、空港国际物流等一批区块链应用品牌,实现"链"享数据减材料、"链"通业务省时间、"链"上服务促复产,并发布了国内政务服务领域区块链应用第一本蓝皮书;在推进打造最优数字化营商环境方面,浙江的做法是纵深推进数字化改革,持续完善IRS(一体化数字资源系统)功能,省市县三级公共数据、政务云资源实现自动开通、统一提速,开通时效分别由2.6天、3.2天提升至分钟级。同时,浙江省打造了全国首创、全省共建的政务服务中心,形成了22个产品系列70个功能模块,能够满足2231项功能需求。在此基础上,浙江省全面推进"掌上办事""掌上办公","浙里办"掌上可办比例达到95%以上,政务服务事项"一网通办"率达85%,861项事项在微信端同源发布,实现超150项"智能秒办"事项,办理和37类高频电子证照跨长三角区域互认。另外,浙江省还实施了准入准营"一件事"办理,升级企业登记全程电子化应用平台,企业开办"网办率"超99%。建立"照章、照银、证照、税务"企业注销联动机制。推行"一键申报(退税)"、掌上办和电子发票(票据业务),纳税人综合网上办税率达到

97.95%。

　　在数字监管方式上，最优值地区一些改革创新做法也值得其他地区学习：上海市利用大数据创新监管模式，推行事前告知承诺制，对事后监督能够纠正、风险能够控制的审批事项进行管理，审批部门免予事先批准，重点强化事后控制。这样就更加便利了市场准入，提高了企业的创业积极性，有利于市场主体的增量。同时上海运用大数据分析，极大地减轻了监管部门的监管压力，提高了监管的准确性和针对性，并且将监管提升为帮助企业发展的手段，而不仅仅是一种处罚手段；浙江省首创民营经济指数，实现对全省各地民营经济多维度、穿透式、可视化监测。持续优化"浙里办"营商专区应用，实现涉企事项政策智能引导、精准推送。健全监测预警、整改提升、案例推广的闭环工作机制，省市县三级全面应用营商环境"无感监测"应用。打造"浙里"基本公共服务"一键达"应用，集成 11 大领域 190 项公共服务事项。"浙里"民生"关键小事"智能速办应用，日均访问量达到 81.3 万人次，好评率 99%以上。

　　5. 开放环境

　　作为我国营商环境创新试点城市之一，北京正对标国际一流，加快建成市场化法治化国际化的一流营商环境，对标国际高标准经贸规则，推动投资贸易自由化、便利化，持续提升在全球范围内集聚和配置资源要素的能力。在通关便利化改革方面，在北京陆港完成口岸和海关查验手续的出口货物，到达天津港后无须再次办理通关手续，即可装船离港，出口集港预期由 5 天压缩至 1 到 2 天；此外，北京还推行了进口货物"提前申报＋船边直提"改革，实现进口货物"即提即离"，进口提箱用时由 1 到 2 天压缩至最短的

1.5 小时。在优化国际人才服务方面,北京市目前已经建立国际职业资格证书认可清单制度,紧扣企业需求,聚焦金融、教育、科技、医疗等 17 个重点领域,率先推出 110 项境外职业资格认可清单。从排名来看,在中国营商环境评价中,上海跨境贸易指标连续两年位列全国第一,上海推进"提前申报、智慧口岸"建设等多项做法作为先进案例在全国复制推广。营商环境的改善也体现在规模数据上。从 2021 年前 11 个月的数据看,2021 年上海口岸进出口总额创造历史新高,世界最大贸易口岸城市地位更加稳固。上海市 2021 年出台的《上海口岸 2022 年深化跨境贸易营商环境改革若干措施》主要从优化"通关全链条全流程、清理规范收费、提升口岸服务能力和服务环境"三方面进一步加大改革措施力度,不断发挥上海金融资源配置优势,扩大上海的对外贸易。在开放环境方面,浙江省的做法比较突出如:第一,深化"四港"联动发展,集装箱海铁联运、江海联运、海河联运量分别同比增长 32.8%、22.4% 和 20.7%。推进"提前申报""两步申报""两段准入""先放后检"等通关便利化改革,实施 7×24 小时通关,手续"即到即办",货物"即到即查"。企业单次准备报关资料由 5 分钟降至 0.5 分钟。第二,浙江省打造了一站式国际商事解纷平台,境内外 80 余家调解机构和 1100 余位调解员为第一主体提供专业服务。第三,完善国际贸易"单一窗口"平台功能,创新数字金融服务,接入 30 家金融机构,为企业融资超 14 亿。第四,复制推广跨境电商进口"退货中心仓"模式,推动跨境电商 B2B 出口试点覆盖全省各地市。支持在海关特殊监管区域内设置跨境电商前置仓,支持省内跨境电商综合试验区建设等。

五　"最优值地区"对辽宁省营商环境的经验借鉴

通过研究"最优值地区"营商环境实践经验做法,能够进一步为辽宁省营商环境指标的构建提供大量的借鉴,具体而言,通过总结前文先进地区营商环境的实践做法,主要提炼出政务环境、市场环境、法治环境、数字环境、开放环境等五个主要方面的经验借鉴。

(一) 政务环境——优化政务服务,提升政务效率

营商环境的发展状况如何,很大程度上表现在公共服务效率和质量水平的高低上。目前,我国地方政府公共服务存在供给主体单一、信息孤岛严重等问题。信息化数字治理的时代背景下,地方政府服务正处于以数字化为核心的持续变革之中。伴随着新型信息技术的崛起,在"互联网＋"大时代背景下各地政府纷纷建设服务型政府并将发力点转向地方政务服务,在"互联网＋政务服务"下,各省级政府纷纷开始实施政务服务结构侧改革,这场刀刃向内的自我革命唯有政府服务能力显著增强,才能赢得市场主体广泛好评,进而提高营商环境满意度,同时,亦将有助于加快建设地区营商环境建设步伐。例如:浙江省在提升营商办事便利化水平上采取优化纳税服务流程、促进审批便利化、优化公共资源交易服务等大幅度提升政务效率的改革措施。辽宁省在优化营商环境评价体系的过程中也应将政务服务的便利化作为考察重点,从政务服务的标准化走向政务服务的便利化,通过政务环境的改善,进一步提升政务服务效率,推动辽宁营商环境迈上新台阶。

（二）市场环境——激发市场主体活力，创造良好营商环境

市场主体是经济力量的载体，市场主体活力密切关乎营商环境氛围，尤其是在后疫情时代的大环境下，优化营商环境不仅仅是助力复工复产，更是落实"六稳""六保"和维护经济发展和社会稳定大局的重要抓手。要创造一个良好的营商环境，就必须把市场主体的评价和感受作为首要衡量标准，不断优化营商环境评价的方式方法，推动解决制约市场主体活力、社会创新力的深层次问题。同时，还需要采取一系列措施优化市场主体准入准营机制、畅通市场主体退出渠道。例如：推进商事登记制度改革、降低市场准入门槛、提升投资项目审批效能、优化公用设施接入服务、优化不动产登记等。在市场主体退出渠道上可通过完善市场主体清算退出机制，加大破产重整支持力度等措施，不断营造出公平公正的营商环境和良好的创业创新氛围，打造高科技人才集聚洼地。基于"最优值地区"的优秀经验，辽宁省应尤其重视市场环境的发展。辽宁省地处东三省地区，与东部沿海地区经济差异较大。经济动力不足、人才流失严重等突出问题制约着辽宁省营商环境的进一步发展，而破解问题的关键就在于能否激发市场活力，保障市场主体准入准营、退出机制的公平公正，从而影响与改变市场主体感知，营造良好的营商氛围，在更大程度上推动营商环境实现高质量发展。

（三）法治环境——健全法治保障体系，推动营商监管改革

法治就是最好的营商环境，是社会主义市场经济体制下顺应

人民群众和市场主体期待,保障良好公正营商环境的制胜法宝。法治化是营造良好、公正、透明、稳定营商环境的根本要求,通过出台一系列的法律法规、制度、政策来保障营商环境的稳定,各政府部门出台营商环境实施条例,围绕营商方案进一步落实营商环境具体举措,以营商方案引领营商环境突破性发展,以制度保障营商环境贯彻落实,同时严格规范执法监管行为,实现营商环境全过程监管,提升法律服务水平,提升市场主体法律意识,完善法治化营商环境的权威性,筑牢优化营商环境法治根基。

（四）数字环境——推动数字化技术发展,构建数字化营商环境

2021年,中央进一步要求各省"加快数字经济,数字社会和数字政府建设"。数字技术不仅是打造数字政府的关键,更是优化营商环境的关键。数字政府建设水平关系到优化营商环境质量,在政府数字化转型带动下营商环境新业态应运而生。打造数字化新模式,拓宽"互联网＋民生"的服务场景,完善"互联网＋公共服务"的应用平台,从"一网通办"积极向"一网好办"升级,推进政务服务一体化平台、人工数字智能等平台建设,实现政务服务更高效,更便捷。同时,发掘系统通、网络通、数据通等电子化技术基础。近年来,在省级数字政府建设取得积极进展的同时,也面临着诸多问题,数字化政府建设相对滞后,仍然是制约着营商环境高质量发展的重要原因,而上述数字化发展新模式是未来辽宁省在发展营商环境过程中所必须借鉴的,同时辽宁省还应加强电子政务服务水平,跨领域全流程优化电子政务模式,提升企业群众营商办事效率。

（五）开放环境——实施通关便利化改革，加快国际贸易流通

北京市在通关便利化方面实施进口货物"提前申报＋船边直提"改革，实现进口货物"即提即离"；上海推进提前申报、智慧口岸建设等多项做法作为先进案例在全国复制推广；浙江深化"四港"联动发展，推进"提前申报""两步申报""两段准入""先放后检"等通关便利化改革，实行"即到即办""即到即查"的 7 ∗ 24 小时报关。辽宁省在国际化营商环境建设中也应对标国际标准，瞄准"最优值地区"优化国际化营商环境的实践做法，持续优化通关便利化流程，加快国际贸易流通，推动互利共赢的国际化营商环境实现高质量发展。

除此之外，最优值地区的一些改革做法也值得其他地区学习：第一，在优化营商环境上创新性改革。如北京提出了"AI＋政务服务"，提高政务服务水平；上海创建出了"创新容错制度"，鼓励市场创新企业发展；广州打造包容审慎监管制度，平衡新经济的发展。第二，最优值区域构建的营商环境评价指标体系与世界银行的标准体系相衔接，并按照这个标准分工建立了每个指标对应的负责部门与体制，分管各项改革方案与落实。第三，重视"先试先行"，梳理典型经验。这四个地方在进行优化营商环境改革的时候均在改革之初便重视重点地区先试先行，积累成功做法，每年在全省、市内征集优秀案例，并在其他地区进行复制，以优秀地区促进落后地区的发展，引领省市营商环境的改善。

第三章　辽宁省营商环境评价体系的优化与设计

　　当前,我国已经全面进入"十四五"建设时期,国内社会矛盾发生巨大转变,国际经济政治格局愈加复杂,新冠疫情对全球经济的冲击持续存在。尽管我国经济发展实现成功转型并全面进入高质量发展阶段充分说明我国的经济发展"大环境"能够经得住多方压力,但诸多新的危机与挑战正不断涌现,经济领域所面临的风险仍日益增多。良好的营商环境是建设现代化经济体系的重要内容,是促进高质量发展的重要基础,营商环境应紧随时代发展要求,不断适应新环境、新变化,为社会主义市场经济的健康有序发展创造良好的生存土壤,夯实国家和地区经济发展实力,提升化解各类风险的能力。

　　以习近平同志为核心的党中央高度重视营商环境建设工作,习近平总书记多次做出重要论述和指示批示,指明优化营商环境是当前政府工作的重中之重,各级政府应高度重视营商环境建设问题,以市场化、法治化、国际化为宏观目标,不断实现营商环境的优化和提升。在营商环境建设上,要发挥"有条件要上,没条件创造条件也要上"的伟大改革精神。对辽宁省来讲,营商环境问题是事关全局发展的战略性问题,进一步优化营商环境有利于破除制约辽宁振兴发展的体制机制障碍,进一步解放和发展生产力,推动习近平总书记重要讲话精神在辽宁落地。本部分将从辽宁营商环境建设面临的关键问题入手,以搭建评价体系为"小切口"解决影响辽宁全面振兴、全方位振兴的"大问题"。

一　辽宁省营商环境建设的实施基础与发展现状

习近平总书记明确指出只有构建良好的投资和营商软环境,才能够有效抑制东北资本和人才的流失,破除所谓"投资不过山海关"之偏见,让资本和人才成为东北振兴和发展的重要助推器。辽宁省委、省政府深入学习研究贯彻习近平总书记指示精神,把优化营商环境上升为关系全省发展大局的大事来抓,努力营造办事便捷、法治优良、成本竞争力足、生态宜居的市场化法治化国际化营商环境。

(一)辽宁省营商环境建设取得的成绩及相关决策部署

"十三五"期间,辽宁省委、省政府高度重视营商环境建设,将营商环境优化作为关系辽宁全面振兴和全方位振兴的战略问题进一步落实,全省营商环境得到了持续优化和良好发展。一是制度体系日臻完善。第一部省级优化营商环境地方性法规《辽宁省优化营商环境条例》及相关系列规章和规范性文件已经制定、出台并得以修订。另外,辽宁省高度重视强化营商环境顶层设计,成立省级营商环境建设领导小组,成立全国第一家省级营商环境机构,构建了省、市、县(市、区)全覆盖的营商环境建设组织体系。二是"放管服"改革渐入佳境。关注企业全生命周期,推动简政放权向纵深发展。积极实施包容审慎监管,加强重点领域执法。三是政务服务水平显著提高。推进政务服务标准化建设,推动实现"三集中、三到位"和政务服务"最多跑一次",建立"首问负责、否定备案"等制度,政务服务"好差评"实现全覆盖。推动辽宁政务服务网与全国一体化在线政务服务平台全面对接。创新投诉机制,实现全省"一个号码管服务"。四是法治化营商环境建设初见成效。不断优化行政执法体制机制,进一步推进规范公正文明执法。深入实施行政执法"三项制度",进行流程再造,最大限度减少审批自由裁量权。五是社会信用体系逐步完善。信用立法、信息归集、联合惩戒、信用应用等工作机制不断完善。确立了省、市、县三级信用信息共享平台建设模式。①

同时,为了进一步优化营商环境,近年来辽宁省做了诸多决策部署和改革举措:

第一,在中国共产党辽宁省第十三次代表大会报告中,对今后五年大力改善营商环境和解决辽宁营商环境建设存在的问题进行了重点部署:一是坚持创新驱动发展,加快构建企业主导的科技创新体系,加强知识产权全链条维护,加快数字辽宁建设,努力发展

---

① 辽宁省人民政府网:《辽宁省"十四五"社会信用体系建设规划》政策解读,https://www. ln. gov. cn/web/zwgkx/zcjd/zcjd/83A7EE10B14548BCB7397EB738B462A8/index. shtml,2022 年 2 月 14 日。

数字经济。二是不断改善营商环境。以净化政治生态为基础,以法治环境和信用环境建设为抓手,将二者作为优化营商环境当前最为突出和迫切的问题。对于损害辽宁法治环境和信用环境的人与事,坚决轻视、坚决抗拒、坚决惩处。三是加快民营经济发展步伐。坚持"两个毫不动摇";依法维护民营企业产权和企业家合法权益。四是加强财政金融扶持,发挥沿海地区的优势。优化开放的生态。进一步健全促进对外开放和合作的政策制度,加速与国际经济贸易法规的衔接,为外资提供高质量、高效率的服务。五是进一步落实"兴辽英才计划",打造全国重要人才中心与创新高地。努力打造集聚人才创新平台,凝聚一批科技领军人才和创新团队。

第二,辽宁省政府办公厅印发《辽宁省营商环境建设行动方案》(2021－2025 年),要坚持提高市场主体和人民群众满意度和获得感的工作方向,小切口是落脚点,重点是转变政府职能,净化政治生态是基础,以法治环境和信用环境的建设为抓手,将二者作为优化营商环境当前最为凸显和迫切的问题。坚持改革创新,推进政府治理体系和治理能力现代化,营造稳定、公平、透明、可预期的营商环境。与此同时,在构建公平竞争市场环境中、营造高效便捷政务环境、建设规范公正法治环境、建立健全信用环境、构建循环畅通开放环境、塑造文明包容人文环境等提出了具体的改革举措和目标。

第三,为全面落实中国共产党辽宁省第十三次代表大会关于优化营商环境的工作任务目标,督促《辽宁省优化营商环境条例》的贯彻执行,辽宁省纪委监委制定《营商环境监督行动方案》,全力为优化营商环境保驾护航。一是整治不讲诚信、不守承诺问题。

二是整治司法不公、司法腐败问题。三是整治选择执法、徇私枉法问题。四是整治审批任性、设租寻租问题。五是整治监管不当、干扰掣肘问题。六是整治违规操作、造假舞弊问题。七是整治幕后交易、欺瞒侵夺问题。八是整治状态不振、作风不良问题。

第四，在辽宁"十四五"规划纲要中，将加快数字经济发展作为重要任务之一，提出数字经济核心产业增加值占地区生产总值比重高于国家平均水平的发展目标。辽宁省"十四五"时期的数字经济规模预计将以每年10％的速度递增，到2025年，全省数字经济规模将达到GDP的45％。

（二）辽宁省营商环境建设面临的突出问题

辽宁省作为东北的经济大省，是东北振兴的重要部分。经过几年的发展与改进，辽宁省营商环境得以一定程度的改善，但相比我国其他建设较为成熟的省份仍存在较大差距，需要持续推动营商环境的系统性优化。进一步说，辽宁省营商环境从建设的抓手来讲，主要是以"放管服"改革为主线进行的，但"放管服"改革的成效主要落在涉及企业全生命周期的办理事项的办事效率和满意度上，反映到权威评价体系的指标设计上则体现在"便利化"这一指标中，但是对法治化、国际化指标的影响有限，这就从某种意义上意味着辽宁省以"放管服"改革为重心推进的营商环境建设仅影响1/3的权威评价体系，对另外2/3尽管实际工作也一直在推进，但是缺乏系统的安排和设计，且落实到中观层面上讲在法治环境、信用环境等方面都存在着一些问题，这些问题给辽宁省高质量发展带来挑战。

1. 信用环境有待提升

市场经济是法治经济，同时也是信用经济。政府诚信是行政法治的基本要求，也是法治化营商环境建设的重要内容。一个公平、稳定、可预期的市场环境，离不开诚信政府的引领和推动。政府和政府部门诚信缺失，损害市场主体的信赖利益是对营商环境造成不利影响的最大痛点和难点问题。对于政府部门而言，诚信属于基础性的执政资源，如果民众一旦丧失了对于政府的信任感，那么政府行政也将寸步难行。因此，只有政府诚信才能获得人民信任，才能引领和支撑社会诚信，才能形成风清气正、和谐共荣的社会新风尚。[①]

政府诚信反映了民众和政府基于委托代理关系而产生的权利义务关系，从广义上讲，政府诚信是指政府履行维护公共利益基本使命时的表现，要求政府做到廉洁奉公、以民为本，而不得滥用权力、损害公共利益及侵犯公民权利。[②] 现实生活中，政府诚信往往以政务诚信表现出来，政务诚信是政府在行使行政权力和管理职责过程中所形成的言而有信、履行承诺、忠于国家和人民利益的行为模式和精神状态。政务诚信包含两个内容，既包括政府对公众要诚实不欺、信守承诺，又包括公众对政务主体行政行为的评价。具体来说，辽宁社会诚信氛围不佳体现在以下几方面：

（1）政府缺乏诚信意识。辽宁省近年来虽然加大了诚信政府的建设力度但"失信"问题仍然存在，主要有以下几种表现：一是招

---

① 陈继：《阻滞与纾解：治理现代化视域下基层政府诚信体系建设问题分析》，《社会科学论坛》2022 年第 1 期。

② 段江波，朱贻庭：《政务诚信与行政公正》，《伦理学研究》2013 第 5 期。

商政策难以落实。政府在前期招商引资承诺给予企业各项优惠政策，以促进企业来当地投资，但是，当企业实际到本地投资兴建工厂时，政府此前所承诺的优惠政策时常会有"落实困难"或"大打折扣"的情况发生。这种情况严重损害了企业的利益，破坏了政府诚信，仅2018年辽宁各市共抽查2298项去年以来的招商引资项目，其中便发现142个未履约项目。二是政府不能按约定偿还债务仍有出现，例如：2018年，辽宁某市一基层政府办公楼建成使用了近20年，当地政府却一直拖欠工程款，本金加利息已经达到178万元，当地政府表示愿意每年偿还部分债务，然而照此速度，全部偿清欠款竟需要30年！

（2）诚信制度体系不健全。早在2005年辽宁省便发布了《辽宁省人民政府关于加强社会信用体系建设的意见》，其中从个人、企业、政府三大层面提出加强诚信建设，随后几年来辽宁省陆续实施了多个推动诚信建设的政策文件，例如2019年辽宁省人民政府发布《辽宁省人民政府关于加强诚信政府建设的决定》，[①]2022年初辽宁省人民政府办公厅印发《辽宁省政务严重失信行为联合惩戒实施办法（试行）》的通知，[②]这些政策文件虽然进一步加大了诚信政府的建设力度，但从总体来看其内容和要求大多集中在企业方面，且并未形成在政府公共行政过程中必须诚实守信的完整的

---

① 中国政府网：《辽宁省人民政府关于加强诚信政府建设的决定》https://www. ln. gov. cn/web/zwgkx/zfwj/szfwj/zfwj2011_136267/9BCC0BD5A92B45ABB1D784D25 68935D1/index. shtml，2019年12月12日。

② 辽宁省人民政府网，《辽宁省政务严重失信行为联合惩戒实施办法（试行）》政策解读，https://www. ln. gov. cn/web/zwgkx/zcjd/zcjd/8B05EB628E5A48929A39FC3B 7402E119/index. shtml，2022年1月24日。

法律法规体系。

（3）公职人员政策执行不到位。营商政策犹如企业的风向标，但政策没有得到重视，执行不彻底或者执行出现偏差会使企业陷入窘境，感受不到营商政策的福祉，企业便会对政府产生质疑甚至失去信心。当前，为了在营商环境优化过程中取得显著成果，辽宁省政府部门制定了各项改革措施，但政策的实际执行力度却差强人意。一是对政策执行的重视程度不够。有些部门仅仅简要传达文件精神和实施意见，却没有依据当地情况制定相应的、可执行性强的优化营商环境措施。二是滥用职权。2022年初，辽宁省纪委监委网站通报了几起公职人员以权谋私的典型案件，此类事件不根除，会大大降低政府的公信力，将人民和政府放到对立面，造成无法弥补的遗憾。

2. 法治环境有待加强

（1）立法方面存在的问题

当前辽宁省立法方面存在的问题主要有：

第一，法律的立改废不够及时。党的十八届四中全会以后，辽宁省各市全部拥有地方立法权，地方立法进入高速发展新阶段。当然在这个阶段，也暴露出了地方立法的品质不高，"立、改、废"三者之间发展不协调，没有及时适应营商环境对立法的个性化需求等等问题。立法上，应把握《优化营商环境条例》实施契机，加快有关法律法规"立改废"工作，并且把倾听市场主体诉求列为立法必经程序，及时清除与当前时代发展不契合的"旧规旧例"，与改革需要不相适应的条款要改进，对于成熟定型和有效的改革措施，通过立法形式提出并统一执行。

第二,辽宁省在营商环境立法方面仍存在着信息不够开放、部分内容与实际情况不契合等问题,在立法方面,要坚持开门立法,引入公众参与,拓宽并畅通参与渠道和平台,杜绝走形式、走过场。确保市场主体参与程度,全面听取和采纳社会各方面意见,增强行政立法民主性。法规、政策制定后,应及时、全面、多渠道地向社会各界公开,以便于社会主体以及利益相关者及时掌握情况。

最后,针对行政决策而言,应实行重大行政决策对企业家主动问计求策制度,充分倾听企业的声音、企业家们的观点,确保企业家参与权、表达权与监督权。

(2) 执法方面存在的问题

政府履行职能的方式之一是行政执法,政府执法的规范程度决定了法治政府的建设程度,同时也决定着营商环境优化的成效。当前辽宁省行政执法方面存在的问题主要有:

第一,执法不规范。我国向来重视执法规范化建设,规范化执法也是辽宁省执法部门一直努力的方向,但就目前情况讲,辽宁省部分执法部门还存在一些执法乱象。在辽宁省纪检委网站上对破坏营商环境的典型案例进行整理发现,在执法环节,执法人员的贪腐、不作为等事件层出不穷,可见这并非偶发事件,这一方面是由于部分执法者的主观意识占据主导地位,使得其对规范执法的重要意义不置可否,其次也存在着对规范执法的流程重视程度不够,按经验办事,甚至按人情办事等情况,严重损害了执法规范,也严重损害了法律在人民群众中的公信力。[1]

---

[1]　袁莉:《新时代营商环境法治化建设研究:现状评估与优化路径》,《学习与探索》2018 年第 11 期。

　　第二,执法机构设置缺乏科学性。随着行政执法改革的推进,势必要对执法部门的职能进行整合。现有的整合模式有跨部门之间综合执法与大部门内部综合执法两种。跨部门间综合执法整合存在一些问题:一是执法范围变宽,执法力量分配不均。跨部门整合为一个新的综合执法机关后,所有管辖事务范围集中起来,但是原本不同的部门执法任务轻重程度不同,合成一个行政机关后,执法力量的分配失衡,一定程度上存在顾此失彼的情况。二是部门间配合程度不高。原本只属于一个部门的事项,由于整合后新加入的部门缺乏相关技术知识,短期内难以进行默契配合,这也会导致执法混乱的情况发生。①

　　第三,执法方式仍需创新。辽宁省当前执决方面的一大难点就是执法效率低的问题,随着时代的发展,执法方式、监管技术和手段等方面也应随之创新。首先,在执法方式上,相对集中行政处罚权制度有待不断完善,"双随机,一公开"的监管方式有待全面深化。"双随机"工作本身选定抽查的企业和执法的人员具有很大的不确定性,企业在这种情况下想要知道自己是否被抽中以及被抽取执法的人员可能性微乎其微。使用这种监管手段不仅能够减轻监管的成本,而且可以很大程度避免企业与执法人员互相勾结,砍断二者之间的利益链条。这种监管方式不仅节约了执法资源,还给企业无形中带来了威慑力。二是,在监管技术上,尽快将互联网技术与监管融合,利用互联网整合各类监管资源,建立统一、权威、高效的信息化网络平台,为监管人员提供全面、快捷、准确、便捷的

---

　　① 张宏伟:《管理协同:行政改革视域下公务员科学管理的方向》,《行政管理改革》2017 年第 5 期。

监管服务,促进监管部门间互联互通,形成协同联动格局。综合应用与分析监管数据,形成可视化监管网络图,可清楚明晰地帮助执法人员进行决策,从而提高执法水平。三是,全面加强信用监管,实行差异化监管措施。信用监管就是先对市场主体的信用进行评价,然后监管部门根据评价结果,更科学合理配置监管资源的过程。[①] 具体来说,监管部门可以根据信用评价结果将企业划分成不同信用等级,根据等级的排名高低确定市场主体的检查力度和频次。例如:可以根据信用等级的不同采取不同的监管方式,对于信用等级较高的企业无须采取严格的监管方式,将监管重心转移到信用等级较差的企业上,这样既可以避免监管资源的浪费又可以在一定程度上对企业提高信用等级起到一定的鼓舞作用。

(3) 司法方面存在的问题

司法工作是构建法治化营商环境的重要依托。保障良好营商环境的形成,就必须优化营商环境司法工作,充分发挥法治在营商活动中的引导、推动、规范、保障改革的作用。辽宁省在司法方面存在的问题主要有:

第一,行政干预司法屡禁不止。司法独立对于构建法治化营商环境意义重大。近年来,随着法治政府理念在我国各级地方政府中逐步深入推进,司法独立性得到加强。但行政权力干预与"说情风"加重了我省行政执法难、行政干预司法审判的现象,这也使得辽宁省司法独立性缺失较为严重。在当前我国全面依法治国的背景下,厘清行政与司法之间的关系是解决这一问题的根本路径

---

① 许冉:《法治营商环境优化研究》,硕士学位论文,山东大学,2020 年,第 35 页。

之一。

第二,刑事介入经济屡见不鲜。在我国的法律实践中,刑事优先的思想由来已久、根深蒂固,它与法学界一向倡导的"刑法谦抑"理念存在明显冲突。而在司法操作上,作为"最后手段"的刑法,很大程度上已习惯性地被作为"优先手段"甚至是"第一手段"加以使用。[①] 利用刑事手段介入经济纠纷也并不少见,然而本是市场经济条件下的合理纠纷,却遭到相关部门用刑事手段进行干预,在处理经济纠纷时,部分经济纠纷被演变为刑事案件,这不仅仅使得简单的事情复杂化,也使得许多民营企业"瑟瑟发抖"。

刑事介入司法也从侧面反映出辽宁省商业秩序的混乱和法律体系的不健全,在面临商业纠纷时,纠纷主体往往无法找到合理的解决渠道,便通过诉讼的方式进行维权,然而由于"经济纠纷"和"刑事纠纷"界限的模糊,导致简单的经济纠纷转化为刑事案件。要想对刑事介入经济的现象"釜底抽薪",多渠道的帮扶措施必不可少,众多纠纷主体不了解如何维护自身权益,这就需要法律服务部门、社会组织的帮助,提供专业性、个性化的咨询渠道,同时还应建立"案例库",设置专门的案例网站,以便有类似情况的纠纷主体可以按照过往的经验解决纠纷,同时执法部门也要严厉打击借机侵害企业利益的犯罪行为。从专业角度来讲,还应建立健全商业纠纷调解机制,成立专业的仲裁中心,以便市场主体通过非诉讼的方式解决纠纷,维持法治化商业秩序。

第三,司法执行效力低。在司法执行方面,辽宁省主要有以下

[①] 游伟:《对经济行为慎用"刑事优先"》,《检察风云》2014 年第 1 期。

几个问题：

一是司法程序缺乏创新。近年来的司法实践已经表明，现行司法执行程序的设计较为不科学，无法适应民事纠纷的复杂性和多样性，尤其反映在民事诉讼法中，部分执行程序不能有效解决某些特别的执行案件。在科技创新的大背景下，新产品、新技术不断涌现，这也对辽宁省的监管提出了更多的要求，司法机关也应该秉承创新理念，对于互联网、金融等领域出现的新型司法问题迅速做出反应，提高在事实调查、证据认定等环节的专业性，杜绝用刑事手段干预经济活动，慎重对待企业创新行为，公正解决各类新兴产业纠纷。[①]

二是执行力量不足。在营商环境评价指标中，往往忽视了人力资源这一类指标，在司法程序中，案多人少的状况使案件执行时间过长，案件久执不结，造成大量的人力、物力和财力的耗费，且这种情况容易造成民众对司法机关的不信任，不利于法治化营商环境的建设。

三是执法人员素质有待提高。少数执行人员的政治素质和业务素质不高，缺乏效率观念，存在畏难倾向也是造成司法执行效率低的重要原因。通过对相当一部分久拖未执案件的分析研究，不难发现，上述情况的发生大都与执行人员缺乏效率观念、执行程序缺乏透明度甚至搞"暗箱操作"有关。

3. 政务环境有待优化

政务服务是市场主体与政府部门沟通交流的窗口，也是市场

① 石佑启、陈可翔：《法治化营商环境建设的司法进路》，《中外法学》2020年第3期。

主体感受营商环境最直接的渠道,政务服务的好坏直接影响市场主体对政府形象、政府效率和公职人员履职能力的印象与评价,甚至关涉市场主体投资决策的最终决定。良好的政务环境是衡量地方政府执政水平乃至社会进步最为重要的标尺之所在。辽宁省营商环境建设局于2018年经机构改组组建而成,辽宁省政府直属事业单位,等级为正厅级,加挂辽宁省政务服务管理办公室牌子。负责推进营商环境工作的执行,同年,辽宁积极推进政务电子化改革,全面实行"二十六证合一和一照一码"。可以看出,辽宁省政府在优化政务环境方面进行了积极努力,出台多项政策举措并取得了显著成效,但目前随着营商环境深入优化,辽宁省在政务环境上仍存在着一些问题。主要体现在以下两个方面:

(1)政务服务方式有待改善。笔者通过登录辽宁省政务服务网,发现大都有明确标示的"政务服务"专栏,但是有一部分地方政府在线审批事项的种类没有涵盖全部。甚至部分网站只是提供办事指南或者办理事项材料的下载渠道,并不能实现事项的办理。在开办企业方面,辽宁省各地政务服务网站、市场监督管理局网站大都对创办企业的条件予以公布,但是存在标识不够明确、不便寻找的情况。尽管当前信息化高速发展,各种智能手段层出不穷,但是辽宁省的政务服务并不能完全实现网上办理,仍有一部分需要采取面对面的办理方式,即要到事务涉及和处理的当地进行办理,这种相对落后的服务方式无形之中增添了办事成本,尤其是增加了异地人员处理事情的难度,政务环境智能化服务仍需努力。总之,要完善辽宁省政务服务方式,首先必须重视并完善网络政务服务平台的建设,并通过整合数据、资源共享等方式实现"企业少跑腿，数据多跑路"的良性机制。其次还要实现线上线下协同服务机制，整合数据资源，实现信息共享。加快完善全国统一的政务服务平台以及全面推行使用的进度，打破部门间存在的信息壁垒，真正实现"一网通办"、互联互通，提高办事效率和服务水平。

（2）考评方式需要创新。辽宁省目前已有的考核基本上是"上级考核下级"，政府自评的辅助。一般来说，行政官员只要受到上级表扬，便可升迁，这种考评方式驱使政府官员和工作人员把上级评估指标放在首位，忽略了社会公众利益和需要。且在考评中过于重视经济指标，辽宁省的考评体系主要考察下级对于各项经济指标任务的完成情况，在这个过于强调经济指标的指标体系指导下，为更好地完成目标，部分政府部门"插手"经济活动，甚至存在一些违反纪律的行为，这无疑是扭曲了政府的职能。

为更好地对政府服务进行评价，首先需建立开放考评和通报机制，继续优化"好差评"制度，尤其是要做好"好差评"结果的运用，而不是评完了之；其次，需要建立动态的、科学的评价指标体系。政府考评指标体系应该具有普适性，即可实现跨地区、跨部门考核，目前我国各地方政府绩效评估体系存在着许多不足，而建立一种新的、科学的动态考核方法势在必行。考评指标体系不应该仅仅局限于经济指标，还应该包括一些考察政府综合能力的指标，例如政府的成本投入、资源消耗等；同时注意要注重"软""硬"指标的结合，这样才能保证指标体系具有可操作性和可比性，也能体现出政府在实际工作中发挥的作用。简言之，科学的指标体系应包括政府工作的各个方面，要全方位多角度地进行考察，因此，在建立评价体系时，应该将它作为一种动态过程来看待，不能仅仅局限于静态地考察某个具体部门或单位的情况,而要将其放到整个国家的整体情况中进行分析和研究。

4. 市场环境不够活跃

(1) 民营经济发展环境需要进一步提升

民营经济作为中国改革开放历史的见证者,是推动中国经济高质量发展的重要力量。近年来,党和政府高度重视民营经济的创新和发展。从中央到地方相继出台了多项政策措施加快民营经济发展。2019年,中央明确提出辽宁省要持续优化营商环境。2020年党的十九届五中全会指出,全体人民共同富裕的实现与民营经济提供的就业岗位密不可分。同样,其在提高财政收入、稳定经济发展、促进技术创新和金融发展方面也发挥着重要作用。2020年,中共辽宁省委、辽宁省人民政府指出要进一步激发民营经济活力和创新能力,推动改革创新转型升级,助力私营经济健康发展。2021年,辽宁省政府印发《辽宁省"十四五"数字政府发展规划》,提出建设营商环境大数据平台,旨在通过数字政府建设,培育本地数字企业发展、成长。全省积极响应号召,结合本地区实际情况,制定实施了多项具体政策措施,为民营企业发展创造了良好条件,在辽宁省政府和14个市政府的共同努力下,全省民营经济发展呈现出现向好趋势。但遗憾的是民营经济发展还存在着一些难以解决的痼疾。我省民营经济的发展还不够活跃,总体实力较弱,同经济发达省份相比,差距是显而易见的。2021年,在民营企业500强中,辽宁省仅有四家公司榜上有名,位列第20位,营业收入2581亿元,而排名第一的浙江上榜96家,营业收入62793;排名第二的江苏上榜92家,营业收入57421亿元;排名第四的山东上榜 53 家,营业收入 28982 亿元。排名第五的河北上榜 33 家,营业收入 21640 亿元。辽宁省民营经济如何切实结合本地区实际情况,积极适应经济发展新常态,不断提升自身发展能力,做强做优进而成为推动辽宁营商环境建设的一大帮手是亟待解决的现实问题。

（2）数字经济发展跟发达省份比差距较大

数字经济正逐渐成为中国经济和全球经济发展的主流形式,根据赛迪顾问数字经济产业研究中心发布的 2020 中国数字经济发展指数,排名前 5 位的省份分别是广东 65.3,北京 55,江苏 52.2,浙江 51.5,山东 42.8,辽宁仅排在第 20 位,为 23.5。其最新发布的《2021 中国数字经济城市发展百强榜》,排名前五名分别是北京、上海、深圳、广州、杭州,辽宁经济最强的大连排在第 28 位,沈阳排在第 30 位,这意味着我省的数字经济发展与发达地区相比,仍存在着较大的差距。

（3）科创板上市公司数量较少

2018 年 11 月 5 号"科创板"问世。从 2019 年 6 月 13 日科创板正式开通至 2021 年 7 月,科创板上市企业总共为 313 家,其中,上市企业数量排名靠前的省份分别是江苏 61 家,广东 51 家,浙江 26 家,山东 16 家,辽宁与河南、天津并列排在第 13 位,均为 4 家。

（4）"软环境"评价体系有待完善

软环境对一地经济发展有着举足轻重的影响,软环境得不到发展,硬环境再好都无济于事,软环境得不到发展,经济也上不去。增强软环境的实力,是为了增强区域吸引力,提高生产力、推动发展和增加发展机遇。浪潮集团庞松涛副总裁以大数据开放为例谈及营商软环境的塑造问题,他说:除提供土地、政策、税收、厂房等方面的条件外,政府还应该思考如何助力企业更快地发展,大数据产业与医疗健康产业的发展,必须以数据为核心,还需要政策创新进而使数据开放共享。辽宁省对于营商环境评价的"软环境"关注度显然不够,尽管在指标体系中设置了部分软环境指标,但是所占比重不足。"十四五"时期应不断完善辽宁省软环境评价体系,以发挥其卓越作用。

（5）人才吸引力需要进一步提升

智联招聘和泽平宏观联合发布了"2020 年最具人才吸引力城市 100 强"（按照人才流入占比、人才净流入占比、应届生人才流入占比、海归人才流入占比等四大指标进行综合排序）,如表 3 显示:大连位列 40 位,沈阳位列 42 位。

表 3-1　2020 年最具人才吸引力城市 100 强

位次	城市	人才吸引力指数
1	北京	100.0
2	杭州	99.2
3	上海	98.6
4	深圳	89.9
5	广州	87.0
6	南京	69.5
7	苏州	63.1
8	成都	61.2
9	宁波	59.7
10	长沙	55.8
11	武汉	53.7
12	无锡	53.1
13	青岛	53.1
14	佛山	52.9

位次	城市	人才吸引力指数
15	重庆	52.6
16	济南	52.2
17	厦门	51.6
18	西安	50.9
19	郑州	49.0
20	天津	47.3
40	**大连**	33.6
42	**沈阳**	32.7

5. 数字环境不够完善

近年来，辽宁省将大数据发展与营商环境结合，走出了一条双螺旋发展新路，不断推进"一网通办"平台建设，搭建了企业开办"一网通办"平台，政务服务数字化水平不断提升。在原有基础上，将员工参保登记、税控设备申领、印章刻制线上缴费服务、住房公积金企业缴存登记、银行预约开户纳入企业开办流程，实现企业开办全流程"一表填报""一网通办"；企业开办时间更短，相关部门将辽宁省企业开办时间由原来的 3 个工作日压缩至 2 个工作日，已有 10 个地区压减至 1.5 天甚至 0.5 天以内。同时，辽宁优化企业开办流程，在数据采集上，精简采集项目，实现了统一标准和格式，"多表合一"避免申请人重复填报。在数据共享上，数据传输更快捷，由原来的 15 分钟提速到实时，与公安、税务部门实现了实时共享企业信息。辽宁省虽然紧跟数据时代的浪潮，但是成效和国内发达地区还有一定差距。

目前，辽宁省平均实际网办率达到 60.3%，与北京、上海、浙江等地均可达到 85% 以上相比，总体来讲差距巨大；其次，政务服

务网上办理速度仍然较慢,以浙江为例,在微信端可以实现超 150
项"智能秒办",无须等待,而我省一网通办事项办理等待时间仍需
以"天"为单位;最后,我省仍存在着信息共享跨部门、跨区域障碍,
以广州市为例,广州市与其他 12 个城市,实现 1000 多项"跨城通
办"事项,而我省在跨部门、跨区域信息共享方面与我国发达地区
相比仍存在着较大差距。数字营商环境作为数字时代构建数字政
府的重要组成部分,总体来讲我省"一网通办"工作推进力度不够,
互联网思维淡薄,网办率普遍不高,数字营商环境与我国其他地区
比显然不够完善,仍有较大的改善空间。

6. 开放环境不够通畅

当前,市场化法治化国际化的营商环境已成为各大经济体开
展经济活动的重要参考指标,也是国际公认的规则标准。但是,
国际化指标所占权重与市场化、法治化指标相比较,似乎要逊色
一些。事实上,国际化营商环境是一国或一地区进行国际有效交
流和合作的主要支撑,它是一国或一地区经济软实力最主要的表
现形式,更成为增强国际竞争力的主要依托。2018 年辽宁省政
府出台了《辽宁"一带一路"综合试验区建设总体方案》,在全国
范围内先行先试,开拓与"一带一路"国家间经济合作。① 同时,
辽宁积极构建面向东北亚开放的多式联运国际物流体系,推动
"辽满欧""辽蒙欧""辽海欧"三大交通运输国家大通道建设,开
通中欧班列线路 12 条,与境外 5 个国家、9 个城市实现了互联互

---

① 大连保税区管委会网站:中共辽宁省委辽宁省人民政府关于印发《辽宁"一带
一路"综合试验区建设总体方案》的通知,https:∥www. dlftz. gov. cn/news/view_
247977. html♯main,2018 年 9 月 17 日。

通。尽管辽宁正在积极推进开放环境的建设,然而在对外开放过程中仍然存在着外贸依存度不高、结构层次低、民营经济活力不足、体制机制改革滞后、服务贸易发展缓慢等问题,影响着辽宁营商环境的优化。

二　辽宁省营商环境评价发展概况及体系构建脉络

营商环境没有最好,只有更好。营商环境不断实现"质"的提升,营商环境评价也逐渐上升高度,成为优化营商环境中必不可少的环节。当前营商环境评价工作已经逐渐趋于常态化,从中央到地方构建起众多基于实际、各具特色的营商环境评价体系。开展营商环境评价成为科学评定地区发展水平、发现营商环境建设弱点、挖掘营商潜力不可或缺的部分,在构建高质量和高水平的营商环境中日益发挥着不可替代的"以评促建""以评促改""以评代考"作用。

(一) 辽宁省营商环境评价发展概况

辽宁省作为承载振兴东北老工业基地战略的重要省份之一,高度重视本省营商环境优化工作。在辽宁省"十四五"建设中优化营商环境已经上升至振兴东北、振兴辽宁的战略性高度,要全面推进营商环境市场化法治化国际化。2022 年 1 月发布的《辽宁省营商环境建设行动方案(2021—2025 年)》中强调要"以评促优",在逐项对照中国营商环境评价指标体系的基础上,构建具备辽宁特色的营商环境评价指标体系。

实际上,辽宁省在"十三五"时期已经逐渐启动营商环境评价工作,例如营口市在《2018 年全市优化营商环境建设工作实施方案》中明确提出借助"第三方评估",通过开展重点环节和领域的专项评估,用评估来倒逼营商环境弱项、短板整治,提升营商环境建设的整体水平。朝阳市在 2020 年 4 月的营商环境工作会议上强调高度重视营商环境的评价工作,用好评价结果,并在实施营商环境评价过程中不断发现评价本身的不足,不断提升营商环境评价工作质效。大连市建立《营商环境评价指标对标提升台账》,明确评价工作改善时间线,在短时期内实现了营商环境评价工作的大进步。

进入到"十四五"时期,辽宁省的营商环境评价工作实现了质的飞跃。例如 2021 年 2 月,沈阳市率先制定并发布了各区县(市)营商环境评估报告,将营商环境评价延伸到区县,科学评估各区、县(市)的营商环境水平,引导各地区形成良性竞争态势。再如 2022 年 1 月,全国首个省级《法治化营商环境评价指标体系》在辽宁诞生,该体系紧紧围绕习近平总书记关于"法治是最好的营商环境"的重要论述,[1]聚焦市场主体和人民群众关切,将法治化营商环境的内在要求量化为可测量的评价指标,通过"以评促建""以评促改""以评代考",将全省营商环境评价工作推向新的高度。[2]　总的来看,目前辽宁省的营商环境评价工作正在稳

---

[1]　习近平:《论坚持全面依法治国》,中央文献出版社 2020 年版,第 254 页。
[2]　辽宁省人民政府网站:《我省发布法治化营商环境评价指标体系》,http://www.ln.gov.cn/ywdt/jrln/wzxx2018/202201/t20220115_4491838.html,2022 年 1 月 15 日。

步向前,但在全国范围内横向比较来看,营商环境评价与先进地区还存在较大差距。

（二）辽宁省营商环境评价体系构建脉络

本书中,"立足根本、对标国际"是构建辽宁省营商环境评价指标体系的总基调。此外,还要强化全局意识、树立看齐意识、突出优势、直面弱势,紧紧围绕各级政府《优化营商环境条例》,依靠辽宁省"十四五"期间营商环境发展规划及远景目标,构建符合实际、突出辽宁特色,具备动态性和长效性的营商环境评价指标体系。

本部分在梳理了我国营商环境评价体系构建的基础上,拟从以下六个步骤进行辽宁省营商环境评价体系构建,如图 3 - 1 所示:

第 1 步:明确体系构建"两大基础"——对标国际、遵循国家体系构建逻辑;

第 2 步:明确体系构建的价值定位与目标定位——保障体系建设有章可循;

第 3 步:梳理评价体系建设宏观引领、微观指导——选择体系构建维度;

第 4 步:明确体系构建的现实依据——确定体系构建逻辑准则;

第 5 步:选择评价指标——从市场化、法治化、国际化、数字化四个层面入手;

第 6 步:构建辽宁省营商环境评价体系。

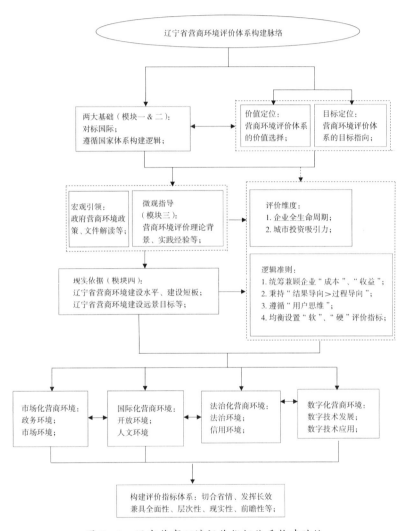

图 3-1 辽宁营商环境评价指标体系构建脉络

* 图 3-1 中:"实线单向箭头"代表前一流程直接影响下一流程;"虚线单向箭头"代表前一流程间接影响下一流程;"实线双向箭头"代表流程间相互影响;

三　辽宁省营商环境评价体系构建脉络解读

（一）构建我省营商环境评价体系的"两大基础"

1. 基于省情、对标国际

在不可逆的经济全球化发展趋势中，任何一个层级的经济体都不可能置身事外、独善其身。2018 年起，我国开始建立具有中国特色的营商环境评价体系，从世界银行和其他国际先进营商环境评价体系中寻找共鸣，并融入中国特色社会主义经济发展的独有特征。在多批次进行营商环境试评价后，不断验证营商环境指标、完善指标体系构成，①不断推动我国营商环境转型升级。作为国家经济体中的一个重要组成部分，辽宁省致力于在"十四五"期间，扩大对外开放范围、加强国际经济合作、提升招商引资水平，在推动营商环境不断实现国际化的同时也意味着辽宁的营商环境评价工作也要站在国际视野，与世界银行全球营商环境评价体系和权威性国际组织营商环境评价体系同向而行，确保辽宁省营商环境建设符合世界经济发展规律，助力辽宁营商环境更好地与国际接轨。

2. 遵循国家评价体系构建逻辑

严格遵循中国特色社会主义经济发展规律是构建我国营商环境评价体系的重要依据，因此我国在遵循世界银行评价体系的基础上，坚持从实际国情出发，构建公平透明的营商环境，并将提升

---

① 北京民生智库：百年民生路系列研究——中国营商环境发展历程回顾，https://m.thepaper.cn/baijiahao_13647817，2021 年 7 月 19 日。

国家吸引外来投资的吸引力和促进国家内部的高质量发展作为营商环境建设的要求,致力于从市场主体和公众两方面的满意度出发构建符合我国国情的营商环境评价指标体系。[①] 辽宁省应紧随国家评价体系建设流程,遵循国家评价体系建设逻辑,充分考虑辽宁省实际情况,评价以实现辽宁省全面复兴为总"抓手",以评价倒逼进步,从而实现省内经济的高质量发展,突出辽宁经济发展特色,不断优化产业结构和经济结构、实现创新驱动发展战略,从市场化、法治化、国际化、数字化等角度推动辽宁营商环境不断实现新的突破。

(二) 辽宁省营商环境评价体系的价值选择与目标定位

1. 价值选择

"补短板、强弱项"。营商环境建设要突出问题导向,保证有理有据推进优化,因此,本书构建评价体系的初衷就是发挥评价的发现问题功能,辅助各方力量共同构建健康有序的营商环境。首先,发挥评价的改进功能,从"短板"出发对症下药,剔除辽宁营商环境建设顽疾,保持对新生问题的高度警惕;其次,发挥评价的激励功能,激发评价对象的内在潜力,提高评价对象参与营商环境向好建设的积极性和主动性;最后,发挥评价的警示功能,"以评代考"引发全省范围内高度重视营商环境建设工作。

实现营商环境评价常态化,发挥长效治理效能。营商环境建设是地区发展的永恒话题,因此营商环境评价不在"一朝一

---

① 北京民生智库:百年民生路系列研究——中国营商环境评价体系研究,https://www.thepaper.cn/newsDetail_forward_13924523,2021 年 7 月 28 日。

夕",而是要具备持续性和阶段性。持续性是指营商环境评价要伴随建设始终,对营商环境发展动态进行全程性的监测,随时纠正纠偏;阶段性是指随着经济的转型升级对营商环境不断提出新的要求,因此,营商环境评价也要随之更新迭代。事实上,营商环境评价更加需要具备对经济变化的预见性,第一时间发现经济变化"苗头",及时更换指标,做好随时启动新的营商环境评价的准备。

2. 目标定位

凸显"以人为本"的评价理念。本书收集大量国家、省市的营商环境评价体系后发现,大多施评者按"办事流程"的顺序逻辑进行评价指标的设置,例如世界银行体系以"开办企业"为起点,以"办理破产"为终点,我国的营商环境评价体系在世行的基础上又增加了许多监管类、服务类和保护类指标。尽管这种充满流程性的评价能够保证评价内容的完整性,但大多数据依靠政府部门提供,极大地忽略了公众感受。基于此,本书在辽宁省的营商环境评价体系构建中,给予了更多的"人文关怀"。

突出辽宁经济发展优势。根据《二〇二一年辽宁省国民经济和社会发展统计公报》可以看出,辽宁省国有企业仍占据主要地位,但与此同时对外商及港澳台商企业的投资吸引力不断增大。①张国清时任辽宁省委书记曾说辽宁是"工业、农业、海洋、科教、文旅"大省,在经济发展中逐渐呈现出农业基础雄厚、工业发展传统底蕴浓厚、港口条件优越、数字经济改革飞速进步、科技创新日益

---

① 辽宁省统计局官网:《二〇二一年辽宁省国民经济和社会发展统计公报》,2022年3月19日。

丰富等优势。[①] 在营商环境评价中,应突出辽宁各项经济发展优势,加快各项经济优势的成果转化,尽快形成营商环境发展效能。

(三)辽宁省营商环境评价体系的政策引导、经验指导
及评价维度

1. 宏观政策引导

本部分旨在从政府政策文本中寻求构建营商环境评价体系的纲领性指导,由于整体上我国营商环境评价开始于 2018 年以后,因此,为更加贴近现实情况,本书大多选取 2018 年以后国家及辽宁省两个层面的政策文本进行解读。具体如表 3 - 2 表 3 - 3 所示

表 3 - 2　国家层面营商环境政策文本分析[②][③]

出台日期	政策文本	"引导性"观点
2015.08	《国务院关于推进国内贸易流通现代化 建设法治化营商环境的意见》	优化法治化营商环境:规则健全、统一开放、竞争有序、监管有力、畅通高效;
2018.11	《国务院办公厅关于聚焦企业关切 进一步推动优化营商环境政策落实的通知》	优化营商环境:公平竞争;投资和贸易便利化;简化行政程序;减轻税负;保护知识产权;规范事中事后监管;

①　经济日报:《推动振兴发展取得新突破 切实维护国家"五大安全"——专访辽宁省委书记张国清》,http://paper. ce. cn/jjrb/html/2022-02/25/content_458603. htm,2022 年 2 月 25 日。

②　中国政府网:营商环境政策数据库:http://www. gov. cn/zhengce/yingshang-huanjingzck/index. htm.

③　中华人民共和国政府网站:http://sousuo. gov. cn/s. htm? t=zhengce&q=%E8%90%A5%E5%95%86%E7%8E%AF%E5%A2%83.

（续表）

出台日期	政策文本	"引导性"观点
2019.08	《全国深化"放管服"改革优化营商环境 电视电话会议重点任务分工方案》	优化营商环境:深化"放管服"改革,加快打造市场化、法治化、国际化营商环境; 具体措施:放宽市场准入、压减行政许可、整治变相审批事项、压减项目审批环节、推进"证照分离"改革、压减企业开办时间、实现减税降费目标;
2019.10	《优化营商环境条例》	优化营商环境:坚持市场化、法治化、国际化原则;以市场主体需求为导向; 营商环境评价体系:以市场主体和社会公众满意度为导向;
2020.07	《国务院办公厅关于进一步优化营商环境 更好服务市场主体的实施意见》	优化营商环境:对标国际先进水平,破解企业生产经营障碍,强化为市场主体服务,加快打造市场化、法治化、国际化营商环境;
2021.11	《国务院关于开展营商环境创新试点工作的意见》	优化营商环境:对标国际一流水平,聚焦市场主体关切;赋予有条件的地方更大改革自主权;推行全链条式审批优化、全程监管、全周期服务;推进有效市场和有为政府融合;

表 3-3　辽宁省层面营商环境政策文本分析①②

出台日期	政策文本	"引导性"观点
2019.12	《辽宁省优化营商环境条例》	优化营商环境:遵循法治化、国际化、便利化的要求; 营商环境评价:完善营商环境评价指标体系;开展第三方评估;

---

① 辽宁省营商环境建设局:政府信息公开:http://ysj.ln.gov.cn/zfxxgk_147389/fdzdgknr/lzyj/.

② 辽宁省人民政府网站:政务公开 http://www.ln.gov.cn/zwgkx/zfwj/.

（续表）

出台日期	政策文本	"引导性"观点
2020.03	《辽宁省国民经济和社会发展第十四个五年规划和二〇三五年远景目标纲要》	优化营商环境:全面推进营商环境市场化、法治化、国际化——高效政务环境;优良法治环境;便利开放环境;信用辽宁;文明包容人文环境;
2020.09	《辽宁省营商环境建设工作考核激励方案》	优化营商环境:营商环境建设考核结果纳入政府绩效考评——市场主体是否增加;各类企业对各级政府服务是否满意;老百姓办事是否便利; 考核对象:各级政府/沈抚示范区;
2021.06	《辽宁省推行"证照分离"改革全覆盖工作实施方案》	优化营商环境:进行行政审批制度改革和商事制度改革;推动照后减证和简化审批;创新和加强事中事后监管;市场化、法治化、国际化的营商环境;建立简约高效、公正透明、宽进严管的行业准营规则;
2022.01	《辽宁省营商环境建设行动方案(2021—2025 年)》	优化营商环境:以提升市场主体和人民群众的满意度和获得感为导向;法治环境、信用环境建设作为最紧迫的任务;数字赋能; 营商环境评价:以市场化、法治化、国际化营商环境为目标;逐项对照中国营商环境评价指标体系;结合辽宁实际定期开展评估;完善营商环境正向激励制度体系;

　　由表 3‑2、表 3‑3 可以看出,近年来我国及辽宁省营商环境建设大体上呈现出"两大"主要规律:一是 2018 年以后市场化法治化国际化营商环境建设目标逐渐成为主流;二是市场主体和人民群众的重点关切和实际需求成为建设营商环境的切入点。此外,

营商环境建设呈现出另一个特点在于：法治化建设走在前列，从国家层面在 2015 年发布《国务院关于推进国内贸易流通现代化 建设法治化营商环境的意见》以及前文提到辽宁省率先构建出台《法治化营商环境评价指标体系》中都可印证这一特征。在优化营商环境的手段上，除已经"常态化"了的简化办事程序、降低市场准入门槛、强化监管等，"数字化"成为辽宁省"十四五"期间优化营商环境的重要手段之一。

2. 微观经验指导

本部分整理世界银行及国家指标体系、国内其他省市评价指标体系、各类第三方组织评价指标体系，为本书的评价体系构建提供经验指导。三类主体的评价体系如表 3 - 4 和表 3 - 5 所示。

（1）世界银行及国家指标体系、国内其他省市评价指标体系

表 3 - 4　世界银行及中国营商环境评价指标体系

机　构	维　度	指　标
世界银行	企业全生命周期；	一级指标（10 个）：开办企业；办理建筑许可；获得电力；登记财产；获得信贷；保护少数投资者；跨境贸易；缴纳税费；执行合同；办理破产； 二级指标（若干）：略
中国	企业全生命周期； 反映投资吸引力； 体现监管与服务；	一级指标（18 个）：开办企业；办理建筑许可；获得电力；获得用水用气；登记财产；纳税；跨境贸易；办理破产；获得信贷；保护中小投资者；执行合同；劳动力市场监管；政府采购；招标投标；政务服务；知识产权创造保护和运用；市场监管；包容普惠创新； 二级指标（若干）：略

（续表）

机 构	维 度	指 标
北京市	工作导向；问题导向；结果导向；	一级指标（25 个）：开办企业；办理建筑许可；获得电力；获得用水用气；登记财产；纳税；跨境贸易；办理破产；获得信贷；保护中小投资者；执行合同；劳动力市场监管；政府采购；招标投标；政务服务；知识产权创造保护和运用；市场监管；包容普惠创新、落实市委、市政府重大决策部署、加分项、减分项、经济活力、科技创新、依法行政、基础环境；二级指标（若干）：略
广东省	国际可比；对标国评；广东特色；	一级指标（19 个）：开办企业、办理建筑许可、获得电力、获得用水用气、登记财产、获得信贷、保护少数投资者、纳税、跨境贸易、执行合同、办理破产、政府采购、招标投标、市场监管、知识产权创造、运用和保护、政务服务、劳动力市场监管、包容普惠创新、市场主体满意度；二级指标（75 个）：略
湖南省	企业全生命周期；反映投资吸引力；体现监管与服务；	一级指标（18 个）：开办企业、办理建筑许可、获得电力、获得用水用气、登记财产、纳税、跨境贸易、办理破产、获得信贷、执行合同、政府采购、招标投标、政务服务、知识产权创造保护和运用、市场监管、劳动力市场监管、保护中小投资者、包容普惠创新；二级指标（69 个）：略
浙江省	企业全生命周期；促进公平竞争；体现公正监管；优化服务供给；激发创新活力；	一级指标（21 个）：开办企业、办理建筑许可、获得电力、登记财产、纳税、办理破产、保护中小投资者、执行合同、获得信贷、跨境贸易、政府采购、获得用水用气、注销企业、市场开放、公共资源交易、市场监管、信用体系和信用监管、政务服务、公共服务、知识产权保护、服务非公经济；二级指标（90 个）：略

﹡由于篇幅原因，表中仅列出一级指标。

由表 3-4 可以看出,目前国内的体系构建大多以世行体系为中心,逐渐扩大指标范围,其中"企业全生命周期"是各类评价体系的共性维度;"反映投资吸引力""体现监管与服务"也是国内构建评价体系的重要维度。指标设置大多依据企业在生命周期内的各项活动,形成了一种"流程式"的营商环境评价体系。

这种"流程式"的营商环境评价具有的优势在于:一,能够形成一条完整的营商环境评价"链条",保证评价的完整性和全程性;二,评价标准统一,保证评价的绝对公平,便于对同一指标下的评价对象进行横向比较。但在此类评价中,绝对的公平意味着忽略评价对象间的个体差异,例如自然地理环境、文化环境、人口因素等对营商环境产生的影响,因此背后隐藏着一定程度的非公平性。

（2）国内各类第三方组织营商环境评价指标体系

表 3-5　国内各类第三方组织营商环境评价指标体系

评价体系	原则/特点	指　标
武汉大学经济管理学院与北京大学光华管理学院:中国省份营商环境评价指标体系	国际可比; 对标世行; 中国特色;	一级指标(4 个):市场环境、政务环境、法律政策环境、人文环境; 二级指标(12 个):融资、创新、竞争公平、资源获取、市场中介、政企关系、政府廉洁、政府效率、政策透明、对外开放、社会信用; 三级指标(24 个):略
中央广播电视总台:中国城市营商环境指数评价体系	排除主观干扰因素; 具有鲜明的矢量特征; 充分考虑评价对象规模; 兼顾同一城市纵向比较;	一级指标(2 个):硬环境指数、软环境指数; 二级指标(7 个):硬环境指数——自然环境、基础设施环境;软环境指数——技术创新环境、金融环境、人才环境、文化环境、生活环境; 三级指标(35 个):略

（续表）

评价体系	原则/特点	指　标
21世纪经济研究院：全国经开区营商环境指数评价体系	——	一级指标：经济开发区营商环境指数； 二级指标（6个）：软环境、基础设施、商务成本、生态环境、社会服务、市场容量； 三级指标（35个）/四级指标（若干）：略
北京大学公共政策研究中心、北京大学中国国情研究中心组成联合课题组：中国主要城市高质量发展评价指标体系	坚持客观公正； 尊重规律； 问题导向； 可行性与实用性相结合	一级指标（6个）：经济、创新、协调、绿色、开放、共享； 二级指标（30余个）：略
《管理世界》经济研究院："中国城市营商环境评价研究"课题组——中国城市营商环境评价体系	生态系统理论	一级指标（7个）：公共服务、人力资源、市场环境、创新环境、金融服务、法治环境、政务环境； 二级指标（18个）/三级指标（23个）：略

＊由于篇幅原因，表中仅列出一级指标。

由表3-5可以看出，与政府"流程式"评价相比，第三方评估更加注重从"环境"本身出发构建指标体系。例如按"软硬"环境进行指标设置，体系注重将"市场环境、人文环境、政务环境"等纳入评价。在具体指标的选择上，紧紧依靠国家的营商理念、政策要求和改革目标，其中除"市场环境""政务环境""法治环境"等常规性指标外，还设置了诸如人文环境、生态环境等指标。

此类评价体系兼顾"软硬"环境评价，同时充分考虑了一个经济体内部影响营商环境的各方面因素，扩大了营商环境评价范围，强化了评价的人文关怀。但也意味着指标选择会呈现出一定的主观性,评价的全面性也可能有所缺失。对比两类营商环境评价体系,本课题认为,各级政府的营商环境评价似乎更加趋向于营商"能力"的评价,利用完全理性化的数据结果直观展示地区营商水平;而第三方评价则更加趋向于对"大环境"进行综合评价,将可能影响营商水平的因素纳入评价,运用理性数据进行营商环境评价的同时更加关注因素间的影响关系。

3. 辽宁省营商环境评价维度

综合已有的营商环境评价体系,结合本书对辽宁省经济发展现状和目标的思考,选择辽宁省营商环境评价体系"三大维度"。

（1）企业全生命周期理论

企业全生命周期意指企业根据自身从诞生到消亡的整个过程中不同阶段所表现出来的特征和需求,判断自身所处生命周期阶段,找到最合适的发展战略。但决定企业生命周期是否平稳向前推进的因素不仅在于企业自身,还取决于企业的外部生存条件与企业各生命周期内的发展需求是否适配,即企业所处营商环境的优劣。辽宁营商环境评价体系沿袭了"企业全生命周期"这一维度,力争对企业从"孕育"到退出市场整个生命周期所处的营商环境进行评价,发现营商环境与企业发展的"错位"问题,延长内部企业寿命,提升辽宁营商环境综合水平。

（2）城市投资吸引力

目前,"双循环"新发展格局在我国已初具雏形,"国内大循环为主体,国内国际双循环相互促进"逐渐成为国内经济发展共识。辽宁省作为东北地区唯一沿海省份,有着优越的地理条件和浓厚的产业基础,但城市的投资吸引力相对羸弱。辽宁省"十四五"对外开放规划中明确指出要进一步优化对外开放格局,拓宽开放领域,提升招商引资水平。基于此,本书以"城市投资吸引力"作为评价体系的第二维度,以期通过营商环境评价进一步提升辽宁省的投资便利度,进一步提升辽宁服务企业的能力,推动产业格局优化。

（3）高质量发展水平

推动各领域实现高质量发展是我国"十四五"规划的整体目标,但从现实情况来看,我国各地区的发展还存在不平衡、不充分的情况。因此,实现高质量发展需要国家牵头,各省市共同努力。基于此,本书选择"高质量发展水平"作为评价体系的第三维度,首先,对标国内先进地区营商环境建设水平,发现辽宁的不足,以评促改推动辽宁经济逐渐适应高质量阶段经济发展节奏;其次,进行指标间横向比较,实现营商环境中各子环境均衡发展,提升辽宁省营商环境综合实力,为实现高质量发展攒足"力气"。

（四）辽宁营商环境评价体系的现实依据及逻辑准则

以模块四中对辽宁省营商环境建设主要短板研究为基础（本模块不再赘述）,结合辽宁营商环境评价的价值选择及目标定位,认为辽宁省营商环境评价应遵循如下"三大逻辑准则"。

1. 统筹兼顾企业"成本""收益"

辽宁省以往营商环境评价指标体系的设计以为企业节约"成本"为主要逻辑,例如设置开办企业,办理施工许可,获得电、水、气、网络等指标,其实本质都是以提高办事效率、降低企业成本为主要目标。从整体上看,大都忽略了企业生产经营的另一个重要因素——"收益"。因此,在指标设计上,本书从"成本"和"收益"正反两个方面入手,既考虑降低成本,又兼顾提升收益,双管齐下,在"收益"上着眼于从营造适合企业和其他市场主体生存发展的经济"大环境"出发,将提升地区的整体投资吸引力和地区的高质量发展纳入评价范围,更多地引入政务环境、金融环境、技术创新环境等"软环境"指标,以抢占后工业化时代发展先机。

2. 遵循用户思维,摸准"用户需求"

"用户思维"在经济学语境中可以简单概括为"以顾客为导向进行,从顾客的需求出发提供好的产品"。本书将其引入到营商环境评价领域,在设置指标时充分考虑服务对象是谁,服务对象的需求如何。具体说来,本书构建的评价体系是以市场主体和公众的需求为起点,旨在于合理的范围内,结合辽宁省经济发展特色,换位思考,给予市场主体及参与市场活动的公众较大的自由发展空间,破除一系列不必要的发展障碍,最大限度发挥市场的主导作用,以公平客观的评价体系塑造公众满意的营商环境。

3. 兼顾"软""硬"评价指标

营商环境由"软""硬"环境共同组成。从广义上讲,"硬环境"包括自然地理环境、基础设施环境等,"软环境"包括金融环境、人才环境、技术创新环境等,二者相互配合使得地区的经济发展迸发出强大力量。李克强总理曾指出"政府工作不仅要继续改善基础设施等'硬环境',更要通过体制机制创新,优化营商环境,在'软环境'上有新突破"。因此,本书在推动营商环境实现市场化、法治化、国际化和数字化的大方向下,以"软环境"评价指标为主,兼顾"硬环境"指标的选择与采用,从"软""硬"两个方面达到对辽宁营商环境的全面评价。

四　辽宁省营商环境评价指标选择

（一）市场化营商环境评价指标

1. 市场化营商环境

营商环境市场化是指要以市场经济发展规律为基本遵循，破除一切阻碍市场发挥调节功能的体制障碍，扫清市场中一切计划经济体制色彩，促进要素按照市场经济发展要求自主有序流动，激发市场配置资源的活力，提高资源配置的效率。政府和市场是营商环境市场化改革的"一体两面"，一方面需要市场主体积极主动参与市场竞争、自觉维护市场秩序，做市场的"主人"，承担起资源配置和推动要素流通的重任；另一方面，还需要政府持续深化"放管服"改革、简政放权，给予市场自主进行发展的空间；提升市场准入的公平性、强化市场竞争规则的平等性，实施科学有效监管，建立统一开放的现代化市场体系。此外，对于政府本身而言，要深刻认识其服务于市场的本质，持续提升政府服务，优化市场主体办事程序，提高办事便利度。市场化改革归根结底是市场与政府间关系的重塑过程，在市场与政府的不断"博弈中"，逐渐实现二者之间的"完美配合"。

2. 指标选择

辽宁省是传统工业基地，国有经济比重较大，因此市场经济发展具备一定的滞后性，计划经济色彩还时常存在。因此，在辽宁省的营商环境市场化改革中，单纯衡量市场经济发展水平显然是不全面的。从政府与市场间的"因果关系"来讲，在关注辽宁省经济市场化发展水平的同时，更应该结合辽宁省市场参与资源配置的主动性低和能力弱的客观现实,同时抓"政府"和"市场"两个方面的评价。紧扣辽宁省"十四五"规划的市场化营商环境建设目标和要求,本书选择"政务环境"和"市场环境"作为市场化营商环境评价指标下的两个二级指标。

"政务环境"和"市场环境"三级指标及来源如表3-6表3-7所示。

表 3-6　"政务环境"指标选择

指　　　标	考察内容	指标来源
1.企业开办审批流程(个)	政府办事 便利度	①世行评价体系;①②《辽宁省营商环境建设行动方案》②
2.项目审批流程(个)		
3.企业注销审批流程(个)		
4.全省"一网通办"覆盖率	"互联网+ 政务"水平	①《辽宁省国民经济和社会发展第十四个五年规划和二〇三五年远景目标纲要》③②《辽宁省营商环境建设行动方案(2021—2025 年)》④③《全国一体化政务平台移动端建设指南》⑤
5.全省"跨区通办"覆盖率		
6.政务服务一体化实现程度		
7.政务信息共享化水平		

　*指标1-3:"企业开办审批流程"(个)、"项目审批流程"(个)、"企业注销审批流程"(个)越少,说明代表政府对企业的干预越少,市场化程度则越高;

　指标4-7:全省"一网通办"覆盖率、全省"跨区通办"覆盖率越高,说明政府办

　①　世界银行:《营商环境报告 2020》,https://openknowledge.worldbank.org/server/api/core/bitstreams/75ea67f9-4bcb-5766-ada6-6963a992d64c/content,2019 年 10月 23 日。

　②　辽宁省人民政府:《辽宁省人民政府办公厅关于印发〈辽宁省营商环境建设行动方案〉(2021—2025 年)的通知》,https://www.ln.gov.cn/web/qmzx/yshj/zcwj/FAD126C69A68440A93370E4F92F90FF8/index.shtl,2022 年 1 月 19 日。

　③　辽宁省人民政府:《辽宁省人民政府关于印发〈辽宁省国民经济和社会发展第十四个五年规划和二〇三五年远景目标纲要〉的通知》,https://www.ln.gov.cn/web/zwgkx/zfwj/szfwj/zfwj2011＿148487/5707988A77744C8BA6A039712A1B55FB/index.shtml,2021 年 3 月 30 日。

　④　辽宁省人民政府办公厅:《辽宁省营商环境建设行动方案(2021—2025 年)》,https://www.ln.gov.cn/web/qmzx/yshj/zcwj/FAD126C69A68440A93370E4F92F90FF8/index.shtml,2022 年 1 月 29 日。

　⑤　中国政府网:《全国一体化政务平台移动端建设指南》,https://www.gov.cn/zhengce/content/2021-11/12/content_5650485.htm,2021 年 11 月 12 日。

事效率越高,对企业的干预越少,市场化程度越高;政务服务一体化实现程度越深,政务信息共享化水平越高,说明政务的透明度越高、办事便利度越高,"放管服"改革状况越好,更加有利于实现市场化。

表 3-7 "市场环境"指标选择

指　　标	考察内容	指标来源
1.市场方式成交的土地(海域)份额占全部土地(海域)份额的比重	土地市场化	阮并晶,张绍良:《土地市场景气指标体系及评价模型的建立》①
2."市场方式盘活存量用地(海)占全部土地(海)份额的比重"		国家《要素市场化配置综合改革试点总体方案》国办发(〔2021〕51号)②
3.国有单位从业人数占比	劳动力市场化	中国人民大学孙文凯《中国劳动力市场化指数构建与检验》③
4.国有单位职工工资		
5.市场配置资源的比重	资本市场化	樊纲《中国市场化指数》④
6.政府消费支出占GDP的比重(政府规模)		马铁梦,王巍,林卫华:《江西省市场化程度的测量与分析》⑤
7.非国有金融机构吸收存款占全部金融机构吸收存款的比例	金融(资本)市场化	山丹花,薄颖辉《浅析金融发展水平的度量指标体系》⑥
8.非国有金融机构放贷占全部金融机构放贷的比例		

---

① 阮并晶,张绍良:《土地市场景气指标体系及评价模型的建立》,《资源开发与市场》2008年第5期。

② 中央政府网:《国务院办公厅关于印发要素市场化配置〈综合改革试点总体方案〉的通知》,https://www.gov.cn/zhengce/content/2022-01/06/content_5666681.htm,2022年1月6日。

③ 孙文凯、赵忠、单爽等:《中国劳动力市场化指数构建与检验》,《经济学(季刊)》2022年第19卷第4期。

④ 北京大学汇丰商学院:《樊纲教授等发布中国市场化八年进程报告》,https://www.phbs.pku.edu.cn/2016/news_0425/3170.html,2016年4月25日。

⑤ 马铁梦、王巍、林卫华:《江西省市场化程度的测量与分析》,《中国市场》2016年第38期。

⑥ 山丹花、薄颖辉:《浅析金融发展水平的度量指标体系》,《时代金融》2020年第8期。

（续表）

指　标	考察内容	指标来源
9. 技术研发经费投入比例	技术市场化	①《辽宁省"十四五"科技创新规划》;①②《辽宁省国民经济和社会发展第十四个五年规划和二〇三五年远景目标纲要》②
10. 技术型企业数量占比		
11. 万名就业人员中研发人员数占比		
12. 技术市场合同成交额占比		
13. 纳税次数	缴纳税费	①世界银行营商环境评价指标体系;③②中国营商环境评价指标体系;④
14. 纳税时间		
15. 纳税程序		
16. 律师事务所、会计师事务所、审计事务所等具有法律性质的服务监督机构数量	市场中介组织数量	张三保　张志学:《中国省份营商环境研究报告 2020》⑤
17. 证券交易所、期货交易所、资产评估中心等为交易双方提供服务的机构数量		
18. 行业协会、消费者协会等具有自律监管和服务的机构数量		

　　﹡ 指标 1 - 2:市场方式成交的土地(海域)份额占全部土地(海域)份额的比重、

---

　　① 辽宁省人民政府:《辽宁省人民政府办公厅关于印发〈辽宁省"十四五"科技创新规划〉的通知》,https:∥www. ln. gov. cn/web/zwgkx/zfxxgk1/fdzdgknr/ghxx/zxgh/2023020616482983735/index. shtml,2022 年 2 月 15 日。

　　② 辽宁省人民政府:《辽宁省人民政府关于印发〈辽宁省国民经济和社会发展第十四个五年规划和二〇三五年远景目标纲要〉的通知》,https:∥www. ln. gov. cn/web/zwgkx/zfwj/szfwj/zfwj2011 _ 148487/5707988A77744C8BA6A039712A1B55FB/index. shtml,2021 年 3 月 30 日。

　　③ 世界银行:《营商环境报告 2020》,https:∥openknowledge. worldbank. org/server/api/core/bitstreams/75ea67f9-4bcb-5766-ada6-6963a992d64c/content,2019 年 10 月 23 日。

　　④ 国家统计局:《对营商环境如何进行综合评价》,https:∥www. stats. gov. cn/zs/tjws/tjjc/202301/t20230101_1903382. html,2023 年 1 月 1 日。

　　⑤ 北京大学光华管理学院:《中国省份营商环境研究报告 2020》,https:∥www. gsm. pku. edu. cn/info/1316/22719. htm,2020 年 1 月 11 日。

市场方式盘活存量用地(海)占全部土地(海)份额的比重越大,表明在土地要素中,市场的资源调节和配置功能越强,市场化程度越高;

指标3-4:国有单位从业人数占比越大、国有单位职工工资越高,表明国有经济规模大、政府对国有经济和劳动力市场的干预越大,市场化程度则越低;(基于辽宁省国有经济占比较大的客观现实);

指标5-6:市场配置资源的比重越大,表明市场越能发挥决定性作用,市场化程度越高;政府消费支出占GDP的比重(政府规模)越大,表明政府调控能力越强,市场化程度越低;

指标7-8:非国有金融机构吸收存款占全部金融机构吸收存款的比例、非国有金融机构放贷占全部金融机构放贷的比例越大,表明非国有融资银行和第三方融资机构对解决企业融资问题的贡献更大,市场化程度更深;

指标9-12:技术研发经费投入比例、技术型企业数量占比、万名就业人员中研发人员数占比、技术市场合同成交额占比越大,表明技术市场的发展状况良好,地区科技创新能力较强,能够推动市场化程度的加深;

指标13-15:纳税次数少、纳税时间短、压缩纳税程序可以提高个人和企业的纳税便利程度,减少政府对市场的调节,提升市场化程度;

指标16-18:各类市场中介组织数量增加,表明地区的市场交易活动频繁,市场化程度较深。

(二) 法治化营商环境评价指标

1. 法治化营商环境

法治是最好的营商环境,是营商环境建设最首要、最紧迫的任务。法治化是指要多层面、全方位、全过程地为市场主体提供公正、健康、有序的生存环境,把握好立法、执法、司法、守法等各个法治化建设程序,营造生产经营建设"有法可依、有法必依",对不良市场行为"执法必严",全市场主体"严格守法"的法治化营商环境。"法治"最主要的目的在于构建一套完备的、公开透明的法律体系,提供市场运行的法治框架和基础载体;尊重和保护市场中各类所有制经济的平等地位,保证各类经济参与市场竞争的权利平等、机会平等;通过执法、司法手段对市场中的不良行为施以惩罚和纠正,从"硬约束"的角度将市场行为控制在法律允许的范围内,确保经济体系合理健康运行。

2. 指标选择

"法治"贯穿于经济社会各个领域、伴随企业整个生命周期、约束范围覆盖确保市场有理有序运行的各类主体。"法治"的另一个重要分支是促成信用建设,《辽宁省营商环境建设行动方案(2021－2025年)》明确指出,坚持以法治化为着力点,打造"信用辽宁"。在营商环境中,"信用"不仅关乎企业自身形象,也具备提高资源配置效率、降低制度性交易成本、防范化解风险的重要作用。营商环境中"信用建设"主要包括政府信用和企业信用两个方面,二者分别是衡量企业资质、政府服务水平和办事效率的重要指标。在法治化营商环境的评价中,本书紧扣"十四五"时期辽宁省法治化营商环境建设目标,结合《辽宁省法治化营商环境评价体系》,选择"法治环境"和"信用环境"两个二级指标。

"法治环境"和"信用环境"三级指标及来源如表3-8表3-9所示。

表3-8　"法治环境"指标选择

指　　标	考察内容	指标来源
1. 营商领域法律数量、具备法律效力文件数量	法律体系完善度	综合相关文件自行设计所得
2. 法律内容的合理性		代杰:《论法律评价指标》①
3. 法律法规等更新周期		王思圻,王宇琪,孙莉莉:《辽宁省经济发展环境优化方法研究》②

---

① 代杰:《论法律评价指标》,《唐山学院学报》2013年第26卷第2期。
② 王思圻、王宇琪、孙莉莉:《辽宁省经济发展环境优化方法研究》,《现代商业》2022年第8期。

（续表）

指　　标	考察内容	指标来源
4.立法公众参与度	立法水平	刘雁鹏:《2021 年中国立法特点》①
5.容错纠错制度完善程度		经贸法律评论:《优化营商环境的法治保障:现状、问题与展望》②
6 政府全面依法履行职能的程度	执法水平	刁梦梦,王子涵:《我国法治政府评估指标体系的问题与建议》③
7.政府行政执法的公开透明度		综合相关文件自行设计所得
8.政府行政执法的公众满意度		
9.案-件比	司法水平	范仲瑾,罗向阳,王峰:《"案-件比":衡量司法质效的标尺》④
10.案件允许旁听比率		李志军等:《中国城市营商环境评价及政策建议》⑤
11.司法处理结果的公众满意度		综合相关文件自行设计所得

---

　　① 刘雁鹏:《全国人大 2021 ｜ 学者点评人大立法工作:及时回应当下中国面临的挑战》,https://finance.sina.com.cn/jjxw/2022-03-09/doc-imcwiwss5073705.shtml,2022 年 3 月 9 日。

　　② 成协中:《优化营商环境的法治保障:现状、问题与展望》,《经贸法律评论》2020 年第 3 期。

　　③ 刁梦梦、王子涵:《我国法治政府评估指标体系的问题与建议》,《黑龙江省政法管理干部学院学报》2018 年第 4 期。

　　④ 范仲瑾、罗向阳、王峰:《"案-件比":衡量司法质效的标尺》,《检察日报》2020 年 4 月 28 日第 003 版。

　　⑤ 李志军、张世国、牛志伟等:《中国城市营商环境评价及政策建议》,《发展研究》2021 年第 38 卷第 9 期。

（续表）

指　标	考察内容	指标来源
12.年度内营商领域违法犯罪案件数量	守法程度	综合相关文件自行设计所得
13.年度内全省范围内普法次数		综合相关文件自行设计所得
14.各机构实施法律援助次数	法律服务水平	综合相关文件自行设计所得
15."数字化"执法、司法案件数		综合相关文件自行设计所得
16.开通法律热线数量		综合相关文件自行设计所得
17.开通法律在线咨询网络端口数量		综合相关文件自行设计所得

　　* 指标1－3：营商领域法律数量、具备法律效力文件数量越多，法律内容的合理性越强，表明法律的约束性和有效性越强；法律法规等更新周期越快，说明我省市场环境变化越快，经济活力越强；

　　指标4－5：立法公众参与度越高，说明我省立法更加关注民主，更能体现"以人为本"；容错纠错制度完善程度越高，说明我省对市场主体的包容性越强，在法律层面给予市场主体自由发展的空间越大，市场主体的自主性越强；

　　指标6－8：政府全面依法履行职能的程度越高，说明政府越能"牵头"带领全民守法，政府产生腐败行为的可能性越小，保障依法对市场进行监管；政府行政执法的公开透明度和政府行政执法的公众满意度越高，说明政府越能秉持"以人民为中心"的发展理念，尊重市场参与者的知情权，从而也越能够间接提升政府的办事效率，推动市场经济的发展。

　　指标9－11：案-件比越小，说明办案的环节越少、办理的时间越短、当事人的满意程度就越高；案件允许旁听比率和司法处理结果的公众满意度越大，说明司法的公开度和满意度越高，司法效力越好，越能达到对市场的鞭策作用；

　　指标12－13：年度内营商领域违法犯罪案件数量越少，说明法律发挥的约束能力越强、市场主体的法律素质越高，更容易促进市场的健康有序进行；年度内全省范围内普法次数越多，说明营商领域内的普法工作受到更多关注，市场主体接受法律教育的机会就越大，对新生法律及法律内容的理解程度越高。

　　指标14－17：各机构实施法律援助次数越多，说明市场中的交易纠纷越多，可能会抑制市场的健康发展，但也能说明市场主体依法维权的意识逐渐升高、市场交易活动愈加复杂和频繁，市场化程度在一定程度上加深；"数字化"执法、司法案件数越多，说明营商领域法律事务处理的信息化水平更高，市场主体依法维权的限制越少；开通法律热线数量和开通法律在线咨询网络端口数量越多，表明进行法律咨询、网络投诉的渠道越丰富，依法维权的便捷度越高。

表 3-9 "信用环境"指标选择

指 标	考察内容	指标来源
1.信用信息共享平台完善程度	信用建设	苏驰翔、关玉：《关于加强社会信用体系建设，完善社会信用信息系统的探讨》①
2.我省社会信用等级评定标准		王淑芹：《探索与创新：社会诚信建设的中国特色》②
3.信用信息共享平台的信息收录比例	信用建设	何玲，吴限：《将信用监管嵌入到市场经济各个环节——写在〈国务院办公厅关于加快推进社会信用体系建设构建以信用为基础的新型监管机制的指导意见〉发布之际》③
4.公用信用信息的社会公开程度		何玲，吴限：《将信用监管嵌入到市场经济各个环节》③
5.失信惩戒制度的完善程度		综合相关文件自行设计所得
6.政府信用纳入政府绩效考核比例	政府信用	综合相关文件自行设计所得
7.证明事项告知承诺制完善程度		《辽宁省全面推行证明事项告知承诺制工作实施方案》④

---

① 苏驰翔、关玉：《加强社会信用体系建设，完善社会信用信息系统》，《时代金融》2019 年第 8 期。

② 王淑芹：《探索与创新：社会诚信建设的中国特色》，《马克思主义与现实》2020 年第 3 期。

③ 何玲、吴限：《将信用监管嵌入到市场经济各个环节——写在〈国务院办公厅关于加快推进社会信用体系建设构建以信用为基础的新型监管机制的指导意见〉发布之际》，《中国信用》2019 年第 8 期。

④ 辽宁省人民政府：《辽宁省人民政府办公厅关于印发〈辽宁省全面推行证明事项和涉企经营许可事项告知承诺制工作实施方案〉的通知》，https://www.ln.gov.cn/web/zwgkx/zfwj/szfbgtwj/zfwj2011_140408/B89B5D21319040EDADE89727397BC249/index.shtml，2020 年 12 月 27 日。

（续表）

指　标	考察内容	指标来源
8.年度内接受"政府失信"投诉举报数量	政府信用	综合相关文件自行设计所得
9.年度内"政府失信"处理完成比例		综合相关文件自行设计所得
10.政务失信纳入信用信息共享平台的比例		《辽宁省政务严重失信行为联合惩戒实施办法（试行）》①
11.企业主动向社会作出公开信用承诺比例	企业信用	《辽宁省社会信用条例》②
12.年度内"企业失信"案件数量		综合相关文件自行设计所得
13.企业在规定时间内的项目完成比例		综合相关文件自行设计所得
14."劳动纠纷"占企业失信案件比重		综合相关文件自行设计所得
15.企业信用风险等级分类		《市场监管总局关于推进企业信用风险分类管理进一步提升监管效能的意见》国市监信发〔2022〕6号③

＊指标1-5：信用信息共享平台完善程度越高、我省社会信用等级评定标准越明确、信用信息共享平台的信息收录比例越高、公用信用信息的社会公开程度越大说明信用评定、查询、溯源等工作的便利程度越高，能够提升市场交易合作的

---

① 辽宁省人民政府：《辽宁省人民政府办公厅关于印发〈辽宁省政务严重失信行为联合惩戒实施办法（试行）〉的通知》，https：//www.ln.gov.cn/web/zwgkx/zfwj/szfbgtwj/2022n/065D86501BA147A3AB05DF48B75DD0AA/index.shtml，2022年1月7日。

② 辽宁省人民政府：《辽宁省社会信用条例》，https：//www.ln.gov.cn/web/zwgkx/zfxxgk1/fdzdgknr/lzyj/gwyfg_3/C37BB9B0CD6548A98909012960ED9AA5/index.shtml，2021年12月3日。

③ 中央人民政府：《市场监管总局关于推进企业信用风险分类管理进一步提升监管效能的意见》，https：//www.gov.cn/zhengce/zhengceku/2022-02/14/content_5673425.htm，2022年1月13日。

速度和效率;失信惩戒制度的完善程度越高,越能从"硬约束"角度促进市场主体信守承诺,达到净化市场的作用;

指标 6-10:政府信用纳入政府绩效考核比例越高,越能促进政府的诚信意识;证明事项告知承诺制完善程度越高,越方便公众监督政府,激发政府兑现承诺;年度内接受"政府失信"投诉举报数量越少、年度内"政府失信"处理完成比例越高,说明政府的失信行为发生概率越小,政府正视并处理自身失信问题的能力越高;政务失信纳入信用信息共享平台的比例越高,越能激发公职人员依法履行职能;

指标 11-15:企业主动向社会作出公开信用承诺比例,说明企业对自身信心越强,越有把握保质保量完成任务;年度内"企业失信"案件数量越少,说明企业的守信意识逐渐增强,有利于市场的发展;企业在规定时间内的项目完成比例越高,说明企业整体的工作效率越高;"劳动纠纷"占企业失信案件比重越小,说明企业更加尊重劳动力,人文关怀程度越高;企业信用风险等级分类越明确,越能促使政府科学实施失信行为处罚,进一步提升监管效能。

(三) 国际化营商环境评价指标

1. 国际化营商环境

营商环境国际化就是要扩大对外开放,在贸易规则、标准、政策制度、法律体系、监管等方面对标国际,逐渐形成国际通行的贸易框架,抓住信息化时代发展优势,打造各类贸易信息平台,破除国际信息流通障碍,不断提升地区对外服务能力,逐渐提升跨境贸易的便利度。营商环境国际化从根本上说,是以改革促开放、促发展,站在国际角度不断推动地区营商环境提高层次、提升市场的竞争力与吸引力。但从具体来讲,国际化营商环境建设需要从"内部环境"和"外部环境"两方面入手,才能保证实现国际化和延续国际化。简单来说,推动贸易走向国际高度,对接国家标准不仅需要从政策、制度、标准等方面努力,还要从地区的基础设施、语言体系、生活便利度、社会精神文明等多个方面入手打造生态宜居的自然环境和文化环境,从"人文关怀"的角度切入不断提升本地区的国际认可度。

2. 指标选择

从辽宁省"十三五"时期的发展成就可以看出,辽宁省在上一个五年计划中已经开通运营了三大综合运输通道,分别是"辽满欧""辽蒙欧"和"辽海欧",众多外资投资项目取得突破性进展,充分说明辽宁省的对外开放水平上升到一个新的"台阶"。"十四五"时期,辽宁省面临的国内国际形势复杂,因此更应把握营商环境国际化建设的"稳中求进"基调,人人都要做营商环境建设的"局中人",从"引进来""走出去"两个方面系统性实现营商环境国际化。在国际化营商环境评价中,结合《辽宁省"十四五"对外开放规划》要求,本书选择"开放环境"和"人文环境"两个二级指标。

"开放环境"和"人文环境"三级指标及来源如表 3 - 10 表 3 - 11 所示。

表 3 - 10　"开放环境"指标选择

指　　标	考察内容	指标来源
1. 行政审批流程	投资便利度	王璐瑶,葛顺奇:《投资便利化国际趋势与中国的实践》[1]
2. 跨境贸易流程		《2020 全球营商报告》[2]
3. 关税税率和非通关贸易壁垒		李轩,安珂敏:《投资便利化水平对中国向"一带一路"沿线国家直接投资的影响》[3]

---

[1]　王璐瑶、葛顺奇:《投资便利化国际趋势与中国的实践》,《国际经济评论》2019 年第 4 期。

[2]　世界银行:《营商环境报告 2020》,https://openknowledge.worldbank.org/server/api/core/bitstreams/75ea67f9-4bcb-5766-ada6-6963a992d64c/content,2019 年 10 月 23 日。

[3]　李轩、安珂敏:《投资便利化水平对中国向"一带一路"沿线国家直接投资的影响》,《东北亚经济研究》2021 年第 5 卷第 2 期。

（续表）

指　标	考察内容	指标来源
4.国际客运周转量	投资便利度	王素芹,邵占强:《基于因子分析法的我国各省份投资便利化水平测度》①
5.国际货运周转量		
6.跨境物流作业总量		综合相关文件自行设计所得
7.国际化信息平台搭建		
8.国际通行贸易规则、政策体系完整度		
9.市场内外商直接投资企业占比		
10.自贸区企业注册数量	项目落实便利度	王晓玲:《辽宁自贸试验区营商环境评价与优化》②
11.FDI指数		吕小明,梁丹旋,黄森:《亚太经合组织成员投资便利化水平测度研究》③
12.国际化人才吸引及本土国际化人才培养政策		综合相关文件自行设计所得
13.外商直接投资与国内生产总值之比外资依存度（外资依存度）	经济开放度	龙少波,张军:《外贸依存度、外资依存度对中国经济增长影响——基于 ARDL-ECM 边限协整方法》④

① 王素芹、邵占强:《基于因子分析法的我国各省份投资便利化水平测度》,《华北水利水电大学学报（社会科学版）》2020第36卷第1期。

② 王晓玲:《辽宁自贸试验区营商环境评价与优化》,《东北财经大学学报》2018年第4期。

③ 吕小明、梁丹旋、黄森:《亚太经合组织成员投资便利化水平测度研究》,《北方经贸》2021年第2期。

④ 龙少波、张军:《外贸依存度、外资依存度对中国经济增长影响——基于ARDL-ECM边限协整方法》,《现代管理科学》2014年第9期。

（续表）

指　　　标	考察内容	指标来源
14.外资占固定资产投资比重（外资融合度）	经济开放度	孙鹏,贺文丽,李世杰:《建省以来海南对外开放度测度及与其他经济特区比较——兼论海南建设中国特色自由贸易港的政策建议》①
15.海关进出口总额/GDP（贸易依存度）		张三保,张志学:《中国省份营商环境研究报告 2020》②
16.边境贸易总额/GDP（边境贸易开放度）		程中海,罗芳:《贸易开放度与经济增长关联性研究——以新疆为例》③
17.我省出口产业结构和力度	对外经济国际化程度	综合相关文件自行设计所得
18.我省境外投资企业数量		综合相关文件自行设计所得
19.我省金融机构境外存款比率		刘庆超,侯少鹏,孙嘉鹏,唐建荣:《自由贸易试验区对外开放度及其影响因素分析》④
20.我省金融机构境外贷款比率		
21.我省国际合作项目数量		沈阳市人民政府外事办公室:《关于扎实有力推进沈阳国际化创新型城市建设的议案（第 232 号）的答复》

* 指标 1-6:行政审批流程、跨境贸易流程、税率和非通关贸易壁垒越合理,外商投资的办事效率越高;国际客运周转量、国际货运周转量、跨境物流作业总量越

---

① 孙鹏、贺文丽、李世杰:《建省以来海南对外开放度测度及与其他经济特区比较——兼论海南建设中国特色自由贸易港的政策建议》,《海南大学学报（人文社会科学版）》,2018 第 36 卷第 6 期。

② 北京大学光华管理学院:《中国省份营商环境研究报告 2020》,https://www.gsm.pku.edu.cn/info/1316/22719.htm,2020 年 1 月 11 日。

③ 程中海、罗芳:《贸易开放度与经济增长关联性研究——以新疆为例》,《生产力研究》2010 年第 1 期。

④ 刘庆超、侯少鹏、孙嘉鹏等:《自由贸易试验区对外开放度及其影响因素分析》,《区域金融研究》2020 年第 5 期。

大,说明辽宁省的国际人流、物流条件充足,更加能够吸引外来投资;

指标 7-12:国际化信息平台搭建越完善,国际通行贸易规则、政策体系完整度越高,市场内外商直接投资企业占比越高、自贸区企业注册数量越多,表明接受国际项目的资历越雄厚,推动项目落地的基础越好;FDI 的规模越大,投资的风险越小;国际化人才吸引及本土国际化人才培养政策越完善,说明辽宁省在项目对接上的能力越高;

指标 13-16:外资依存度、外资融合度、贸易依存度、边境贸易开放度越高,说明国际资金往来频繁、国际活跃度越高,经济开放程度也就越高;

指标 17-21:出口产业结构越合理、力度越强,境外投资企业数量越多表明越具备雄厚的"走出去"的条件;金融机构境外存款比率、金融机构境外贷款比率越高,表明国际金融账户的活跃程度越大,资金活力越强;国际合作项目数量越多,表明参与国际合作的经验更加丰富,意愿强烈,承担国际经济事务的能力越强。

表 3-11 "人文环境"指标选择

指　　　标	考察内容	指标来源
1. 空气质量	自然生态环境	① 谢颖婷,孙红梅:《城市自然生态环境可持续发展水平评价》;①② 林炜铠,田杰,孔薇丝,李思蓓,童树瑜:《基于遥感影像的徐州市自然生态环境评价》;②③ 董家华,王欣,李宇,梁明易:《生态宜居性评价把脉城市生态质量》③
2. 植被覆盖率		
3. 基础设施完善度		中国战略文化促进会、中国经济传媒协会、万博新经济研究院和第一财经研究院:《2019 年中国城市营商环境指数评价报告》④

---

① 谢颖婷、孙红梅:《城市自然生态环境可持续发展水平评价——以上海与东京比较为例》,《环境与可持续发展》2021 年第 46 卷第 6 期。

② 林炜铠、田杰、孔薇丝等:《基于遥感影像的徐州市自然生态环境评价》,《农村实用技术》2021 年第 6 期。

③ 董家华、王欣、李宇等:《生态宜居性评价把脉城市生态质量》,《环境经济》2021 年第 24 期。

④ 新浪财经:《2019 年中国城市营商环境指数评价报告》,https://finance.sina.com.cn/hy/hyjz/2019-05-14/doc-ihvhiqax8558284.shtml,2019 年 5 月 14 日。

（续表）

指 标	考察内容	指标来源
4.人口密度	社会生态环境	李雪铭,白芝珍,田深圳,郭玉洁,刘贺:《城市人居环境宜居性评价——以辽宁省为例》①
5.交通运输条件		① 王文卉,张建:《基于住户体验的住区宜居性评价体系构建及应用研究》;②② 陈企业,沈开艳,王红霞,张续垚:《城市宜居性评估研究——基于评价方法和"What-if"模拟分析的探讨》③
6.社会安全性		
7.城市包容性		
8.医疗与健康水平		
9.国际化语言环境		郭薇,薛妍:《关于推动我省营商环境高质量发展的三点建议》④
10.国际化创新创业平台数量	创新创业生态环境	① 中国战略文化促进会、中国经济传媒协会、万博新经济研究院和第一财经研究院:《2019年中国城市营商环境指数评价报告》;②② 辽宁省人民政府:《抚顺高新技术产业开发区入选全国双创示范基地名单》;⑥③ 清华大学二十国集团创业研究中心:《迈向国际化的创业》;⑦
11.国际化商务人才培训基地数量		
12.国际化人才"来辽"创业支持政策		

---

① 李雪铭、白芝珍、田深圳等:《城市人居环境宜居性评价——以辽宁省为例》,《西部人居环境学刊》2019第36卷第6期。

② 王文卉、张建:《基于住户体验的住区宜居性评价体系构建及应用研究——以北京居住区为例》,《建筑学报》2021年第S2期。

③ 陈企业、沈开艳、王红霞:《城市宜居性评估研究——基于评价方法和"What-if"模拟分析的探讨》,《上海经济研究》2020年第6期。

④ 郭薇、薛妍:《关于推动我省营商环境高质量发展的三点建议》,《咨询文摘》2021年第19期。

⑤ 新浪财经:《2019年中国城市营商环境指数评价报告》,https://finance.sina.com.cn/hy/hyjz/2019-05-14/doc-ihvhiqax8558284.shtml,2019年5月14日。

⑥ 抚顺市发展和改革委员会:《我市高新区在国家双创示范基地2021年度区域示范基地专项评估排名第十》,https://fsfgw.fushun.gov.cn/xwdt/001001/20220411/2f7be7f2-bb96-47c7-b8f5-eab70c99b26e.html,2022年4月11日。

⑦ 国际发展和改革委员会:《迈向国际化的创业》,https://www.ndrc.gov.cn/xxgk/jd/jd/202008/t20200806_1235653.html,2020年8月6日。

（续表）

指　　标	考察内容	指标来源
13.国际化创业论坛、峰会举办频率	创新创业生态环境	④ 沈阳市人民政府外事办公室:《关于扎实有力推进沈阳国际化创新型城市建设的议案（第232号）的答复》①

　　* 指标1-3:空气质量、植被覆盖率、基础设施完善度指标越接近优值,宜居程度越强,城市的吸引力则越强;

　　指标4-9:人口密度越接近优值,交通运输条件、社会安全性、城市包容性、医疗与健康水平的完备程度越高,国际化语言环境不断完善,表明居住便利度越强,城市更能"留住"国际人才;

　　指标10-13:国际化创新创业平台数量和国际化商务人才培训基地数量越多,国际化人才"来辽"创业支持政策越完善、国际化创业论坛和峰会举办频率越高,说明辽宁省更加重视从"内外"两方面抓国际化问题,处理国际性事务的内部能力不断增强。

（四）数字化营商环境评价指标

1. 数字化营商环境

　　营商环境数字化是指要充分运用现代化信息技术,实现营商环境信息化和智能化,催生传统营商环境的转型发展。从近几年新冠疫情防控的过程可以看出,信息技术发展的各项成果成为促进营商环境政务信息、商务信息、社会信息等无障碍传递与交流的重要支撑。从微观来看,数字化营商环境拉近了政府与市场、市场各主体间的距离,使得政务服务更加公开透明、行政审批更加畅通高效,使得市场主体打破时空阻碍,更易实现跨国家、跨地域经济合作。从宏观来看,区块链、大数据、云计算等人工智能帮助市场

---

　　① 沈阳市人民政府外事办公室:《关于扎实有力推进沈阳国际化创新型城市建设的议案（第 232 号)的答复》,http://wb.shenyang.gov.cn/zwgkzdgz/fdzdgknr/jyta/202207/t20220711_3405923.html,2021 年 4 月 22 日。

主体打破认知局限,拉近市场主体间距离,帮助各类主体了解国际、区域之间的经济发展差距,有利于各地反思自身营商环境建设的不足,向领域内标杆看齐,同步优化本地区内部营商环境,从而提升国家整体经济发展实力和国际竞争力,助推我国各地区实现经济公平发展。

2. 指标选择

国家《"十四五"数字经济发展规划》中明确指出,数字经济发展是推动全球要素资源重组、全球经济结构重塑,全球经济竞争格局变革的关键力量。各经济体应顺应新形势和新挑战,把握数字发展机遇,推动经济健康发展,实现营商环境向高质量发展阶段转变。从《辽宁省数字经济发展规划纲要》中可以看出,辽宁省目前数字经济发展实力大幅提升,产业数字化升级步伐加快。全省信息基础雄厚,信息技术应用场景丰富。但是,尽管辽宁省的数字经济规模在东北地区处于领先地位,但与发达地区相比仍具备一定的差距,作为优化营商环境、提高地区投资吸引力的重要指标之一,"十四五"期间,数字化仍是辽宁省经济发展的主要方向。本书认为,推动营商环境实现数字化,首先是具备实现数字化的条件,因此选择"数字技术发展"和"数字技术应用"两个二级指标。

"数字技术发展"和"数字技术应用"三级指标及来源如表 3 - 12 和表 3 - 13 所示。

表 3 - 12 "数字技术发展"指标选择

指 标	考察内容	指标来源
1. ICT 发展指数(信息通信技术发展指数)	信息化发展程度	国际电信联盟

（续表）

指　　标	考察内容	指标来源
2.千兆宽带普及率	基础设施建设	《辽宁省数字经济发展规划纲要2.0版》①
3.行政村光纤宽带通达率		
4.5G基站数量及信号覆盖率		
5.智慧物流设施数量及覆盖率		国家工业信息安全发展研究中心：全球数字营商环境评价指标体系②
6.电子支付设施数量及覆盖率		
7.数字经济占省内GDP比重	数字经济规模	① 国家工业信息安全发展研究中心：《2021G20数字营商环境评价报告》；① ② 国务院国有资产监督委员会：《关于加快推进国有企业数字化转型工作的通知》③
8.在辽数字产业整体实力（企业数量、企业排名、进出口规模等）		
9.数字技术人才就业总人数		综合相关文件自行设计所得
10.数字科技专利数量		
11.营商环境数字化政策、法律、条例等数量	数字化支撑体系	综合相关文件自行设计所得
12.公共数据开放程度		国家工业信息安全发展研究中心：《2021G20数字营商环境评价报告》①
13.数字市场规则完善程度（包括平台企业责任、商户权利与责任、数字消费者保护等）		
14.数字技术知识产权保护力度		

---

① 辽宁省人民政府：《辽宁省人民政府办公厅关于印发〈数字辽宁发展规划（2.0版）〉的通知》，https：// www. ln. gov. cn/web/zwgkx/zfxxgk1/fdzdgknr/ghxx/zxgh/2023020616482372731/，2021年10月25日。

② 国家工业安全信息发展中心：《发布|国家工信安全中心发布〈2021G20数字营商环境评价报告〉》，https://cics-cert. org. cn/web_root/webpage/articlecontent_101006_1475688917498859521. html，2021年12月28日。

③ 国务院国有资产监督委员会：《关于加快推进国有企业数字化转型工作的通知》，http：// www. sasac. gov. cn/n2588020/n2588072/n2591148/n2591150/c15517908/content. html，2020年9月21日。

（续表）

指　　标	考察内容	指标来源
15.年度内"网络安全"事件数	网络安全	综合相关文件自行设计所得
16.各网络类平台识别不法行为能力		
17.用户权益保障程度		徐向梅:《高度关注优化数字营商环境》①
18.平台交易规则、服务协议完善程度		

　　* 指标1-6:ICT发展指数(信息通信技术发展指数)由国际电信联盟提出,用于全面衡量国家和地区的信息通信技术发展程度,包括ICT接入指数、ICT应用指数和ICT技能指数3个方面,指数越高,该地区的信息化水平越高,更加有益于营商环境数字化水平的提高;千兆宽带普及率、行政村光纤宽带通达率、5G基站数量及信号覆盖率越大,网络基础设施越完善,越能促进营商环境向数字化方向转型;智慧物流设施数量及覆盖率、电子支付设施数量及覆盖率越大,说明该地区的物流便利度和在线交易便利度更高,实现数字化营商环境的条件充裕;

　　指标7-10:数字经济占GDP规模越大、数字产业整体实力越大,数字经济在经济结构中的地位越高,说明地区数字经济基础雄厚,与该地区产业进行经济往来的吸引力较大,有利于提升地区经济发展水平;数字技术人才就业总人数、数字科技专利数量越多,该地区的数字技术发展速度越快,越有利于提升该地区数字经济发展的信心;

　　指标11-14:营商环境数字化政策、法律、条例等数量越多,该地区对营商环境数字化的重视程度越大,越能推进数字化的实现;公共数据的开放程度越高,信息流通更加平等,该地区对外来经济主体的包容性更强,越能促进数字经济往来;数字市场规则完善程度越高,表明各类市场主体实现数字化经营的阻碍越小;数字知识产权保护力度越大,越能鼓励数字化技术产品等研发、创新,提升地区数字化整体实力;

　　指标15-18:年度内"网络安全"事件数越少,该地区的网络安全程度越高;各网络类平台识别不法行为能力越强,越能降低网络安全事件的发生,越有利于地区经济发展安全;用户权益保障程度和平台交易规则、服务协议完善程度越高,越能鼓励更多市场主体和消费者参与到数字化交易中来,提升地区数字经济规模。

表3-13　"数字技术应用"指标选择

指　　标	考察内容	指标来源
1.主流通信、出行、购物等APP辽宁省用户人数	个人应用的数字化程度	综合相关文件自行设计所得
2.生活服务、娱乐、互联网医疗等APP辽宁省用户人数		

---

　　① 徐向梅:《高度关注优化数字营商环境》,《经济日报》2022第10期。

（续表）

指　　标	考察内容	指标来源
3.企业内部数字化系统(办公系统、电子签章系统、企业资源管理系统、人力资源管理系统、客户管理系统、供应商管理系统等)使用情况	企业应用的数字化程度	艾媒网:《2021年中国企业数字化发展现状及细分领域情况分析》①
4.企业生产智能化水平		国务院国有资产监督委员会:《关于加快推进国有企业数字化转型工作的通知》②
5.企业数字化研发成果占总成果的比例		综合相关文件自行设计所得
6.数字投入(技术设备引进、人才引进与培训、数据安全等)占总投入的比例		国家信息中心:《中国产业数字化报告2020》③
7企业内部数字化技术人才占总人数的比例		综合相关文件自行设计所得
8."互联网＋"政民互动机制建设情况	政府应用的数字化程度	郁建兴、高翔:《以数字化改革提升政府治理现代化水平》④
9."互联网＋监管"系统建设及使用情况		《辽宁省营商环境建设行动方案(2021—2025年)》⑤

————————

①　艾媒网:《2021年中国企业数字化发展现状及细分领域情况分析》,https：//www. iimedia. cn/c1020/81382. html,2021年10月10日。

②　国务院国有资产监督委员会:《关于加快推进国有企业数字化转型工作的通知》,http：//www. sasac. gov. cn/n2588020/n2588072/n2591148/n2591150/c15517908/content. html,2020年9月21日。

③　国家信息中心:《中国产业数字化报告2020》,http：//www. sic. gov. cn/sic/83/260/0714/10539_pc. html,2020年7月14日。

④　郁建兴、高翔:《以数字化改革提升政府治理现代化水平》,http：//www. xin-huanet. com/politics/2021-03/26/c_1127257333. htm,2021年3月26日。

⑤　辽宁省人民政府:《辽宁省人民政府办公厅关于印发〈辽宁省营商环境建设行动方案（2021—2025年）〉的通知》,https：//www. ln. gov. cn/web/qmzx/yshj/zcwj/FAD126C69A68440A93370E4F92F90FF8/index. shtml,2022年1月29日。

（续表）

指　　标	考察内容	指标来源
10. 在线企业服务平台建设情况	政府应用的数字化程度	张军：《提高数字政府建设水平（人民观察）》①
11. 数据交换与共享平台建设情况		
12. 数字机关建设水平		
13. 数字化治理水平（包括纠纷化解、社会治安防控、公共安全保障、基层社会治理、智慧应急建设等）		《国务院关于加强数字政府建设的指导意见》②

　　* 指标1-2：各类 APP 的辽宁省用户人数越多，我省个人参与数字经济的意识更强，更有利于支持数字经济的发展；

　　指标3-7：企业内部数字化系统的使用频率越高、生产智能化水平越高，数字投入占总投入的比例越大，该企业整体的数字化水平则越高，越能适应数字经济时代的市场发展要求；企业内部数字化技术人才占总人数的比例越大，该企业的数字化办公、生产、管理、交易等更加容易实现，有利于提升企业整体的数字化水平；

　　指标8-13："互联网＋"政民互动机制、"互联网＋监管"系统建设越完善，政府与社会大众、市场主体的互动交流越便捷，对各类市场主体的监管越全面和实时，更加能够随时了解市场动态，纠正不良行为；在线企业服务平台、数据交换与共享平台的建设情况越好，则企业越能够通过网络渠道完成咨询、申报、缴费等一系列企业运营必要的步骤，越能及时快速获取政府政策、市场运行等动态信息；数字机关建设水平越高、数字化治理水平越高，政府内部的数字化转型程度则越高，工作效率越高，有利于从行政层面降低市场发展阻碍。

（五）辽宁省营商环境评价体系

　　综上所述，本书构建的辽宁省营商环境评价体系包括 4 个一级指标、8 个二级指标、122 个三级指标。

　　市场化营商环境评价包括 2 个二级指标，25 个三级指标；

---

　　① 张军：《提高数字政府建设水平（人民观察）》，《人民日报》2021 年 10 月 29 日第 9 版。

　　② 中央人民政府：《国务院关于加强数字政府建设的指导意见》，https://www. gov. cn/zhengce/content/2022-06/23/content_5697299. htm，2022 年 6 月 23 日。

国际化营商环境评价包括 2 个二级指标,34 个三级指标;

法治化营商环境评价包括 2 个二级指标,32 个三级指标;

数字化营商环境评价包括 2 个二级指标,31 个三级指标;

具体如表 3-14 所示。

表 3-14 辽宁省营商环境评价体系

一级指标	二级指标	目标	三级指标	评价内容
市场化营商环境	政务环境	高效便利	1.企业开办审批流程(个)	政府办事便利度
			2.项目审批流程(个)	
			3.企业注销审批流程(个)	
			4.全省"一网通办"覆盖率	"互联网+政务"水平
			5.全省"跨区通办"覆盖率	
			6.政务服务一体化实现程度	
			7.政务信息共享化水平	
	市场环境	公平竞争	1.市场方式成交的土地(海域)份额占全部土地(海域)份额的比重	土地市场化
			2."市场方式盘活存量用地(海)占全部土地(海)份额的比重"	
			3.国有单位从业人数占比	劳动力市场化
			4.国有单位职工工资	
			5.市场配置资源的比重	资本市场化
			6.政府消费支出占 GDP 的比重(政府规模)	
			7.非国有金融机构吸收存款占全部金融机构吸收存款的比例	金融(资本)市场化
			8.非国有金融机构放贷占全部金融机构放贷的比例	

（续表）

一级指标	二级指标	目标	三级指标	评价内容
市场化营商环境	市场环境	公平竞争	9.技术研发经费投入比例	技术市场化
			10.技术型企业数量占比	
			11.万名就业人员中研发人员数占比	
			12.技术市场合同成交额占比	
			13.纳税次数	缴纳税费
			14.纳税时间	
			15.纳税程序	
			16.律师事务所、会计师事务所、审计事务所等具有法律性质的服务监督机构数量	市场中介组织数量
			17.证券交易所、期货交易所、资产评估中心等为交易双方提供服务的机构数量	
			18.行业协会、消费者协会等具有自律监管和服务的机构数量	
国际化营商环境	开放环境	循环畅通	1.行政审批流程	投资便利度
			2.跨境贸易流程	
			3.关税税率和非通关贸易壁垒	
			4.国际客运周转量	
			5.国际货运周转量	
			6.跨境物流作业总量	
			7.国际化信息平台搭建	项目落实便利度
			8.国际通行贸易规则、政策体系完整度	
			9.市场内外商直接投资企业占比	

（续表）

一级指标	二级指标	目标	三级指标	评价内容
国际化营商环境	开放环境	循环畅通	10. 自贸区企业注册数量	项目落实便利度
			11. FDI 指数	
			12. 国际化人才吸引及本土国际化人才培养政策	
			13. 外商直接投资与国内生产总值之比外资依存度（外资依存度）	经济开放度
			14. 外资占固定资产投资比重（外资融合度）	
			15. 海关进出口总额/GDP（贸易依存度）	
			16. 边境贸易总额/GDP（边境贸易开放度）	
			17. 我省出口产业结构和力度	对外经济国际化程度
			18. 我省境外投资企业数量	
			19. 我省金融机构境外存款比率	
			20. 我省金融机构境外贷款比率	
			21. 我省国际合作项目数量	
	人文环境	文明包容	1. 空气质量	自然生态环境
			2. 植被覆盖率	
			3. 基础设施完善度	
			4. 人口密度	社会生态环境
			5. 交通运输条件	
			6. 社会安全性	
			7. 城市包容性	

（续表）

一级指标	二级指标	目标	三级指标	评价内容
国际化营商环境	人文环境	文明包容	8.医疗与健康水平	社会生态环境
			9.国际化语言环境	
			10.国际化创新创业平台数量	创新创业生态环境
			11.国际化商务人才培训基地数量	
			12.国际化人才"来辽"创业支持政策	
			13.国际化创业论坛、峰会举办频率	
法治化营商环境	法治环境	规范公正	1.营商领域法律数量、具备法律效力文件数量	法律体系完善度
			2.法律内容的合理性	
			3.法律法规等更新周期	
			4.立法公众参与度	立法水平
			5.容错纠错制度完善程度	
			6政府全面依法履行职能的程度	执法水平
			7.政府行政执法的公开透明度	
			8.政府行政执法的公众满意度	
			9.案-件比	司法水平
			10.案件允许旁听比率	
			11.司法处理结果的公众满意度	
			12.年度内营商领域违法犯罪案件数量	守法程度

一级 指标	二级指标	目标	三级指标	评价内容
法治化营商环境	法治环境	规范公正	13.年度内全省范围内普法次数	守法程度
			14.各机构实施法律援助次数	法律服务水平
			15."数字化"执法、司法案件数	
			16.开通法律热线数量	
			17.开通法律在线咨询网络端口数量	
	信用环境	健康良好	1.信用信息共享平台完善程度	
			2.我省社会信用等级评定标准	
			3.信用信息共享平台的信息收录比例	
			4.公用信用信息的社会公开程度	
			5.失信惩戒制度的完善程度	
			6.政府信用纳入政府绩效考核比例	
			7.证明事项告知承诺制完善程度	
			8.年度内接受"政府失信"投诉举报数量	
			9.年度内"政府失信"处理完成比例	
			10.政务失信纳入信用信息共享平台的比例	

（续表）

一级指标	二级指标	目标	三级指标	评价内容
法治化营商环境	信用环境	健康良好	11.企业主动向社会作出公开信用承诺比例	
			12.年度内"企业失信"案件数量	
			13.企业在规定时间内的项目完成比例	
			14."劳动纠纷"占企业失信案件比重	
			15.企业信用风险等级分类	
数字化营商环境	数字技术发展	基础雄厚	1.ICT发展指数（信息化发展指数）	信息化发展程度
			2.千兆宽带普及率	基础设施建设
			3.行政村光纤宽带通达率	
			4.5G基站数量及信号覆盖率	
			5.智慧物流设施数量及覆盖率	
			6.电子支付设施数量及覆盖率	
			7.数字经济占省内GDP比重	
			8.在辽数字产业整体实力（企业数量、企业排名、进出口规模等）	数字经济规模
			9.数字技术人才就业总人数	
			10.数字科技专利数量	
			11.营商环境数字化政策、法律、条例等数量	数字化支撑体系
			12.公共数据开放程度	

（续表）

一级指标	二级指标	目标	三级指标	评价内容
数字化营商环境	数字技术发展	基础雄厚	13.数字市场规则完善程度（包括平台企业责任、商户权利与责任、数字消费者保护等）	数字化支撑体系
			14.数字技术知识产权保护力度	
			15.年度内"网络安全"事件数	网络安全
			16.各网络类平台识别不法行为能力	
			17.用户权益保障程度	
			18.平台交易规则、服务协议完善程度	
	数字技术应用	覆盖全局	1.主流通信、出行、购物等APP辽宁省用户人数	个人应用的数字化程度
			2.生活服务、娱乐、互联网医疗等APP辽宁省用户人数	
			3.企业内部数字化系统（办公系统、电子签章系统、企业资源管理系统、人力资源管理系统、客户管理系统、供应商管理系统等）使用情况	企业应用的数字化程度
			4.企业生产智能化水平	
			5.企业数字化研发成果占总成果的比例	
			6.数字投入（技术设备引进、人才引进与培训、数据安全等）占总投入的比例	
			7企业内部数字化技术人才占总人数的比例	

（续表）

一级指标	二级指标	目标	三级指标	评价内容
数字化营商环境	数字技术应用	覆盖全局	8."互联网＋"政民互动机制建设情况	政府应用的数字化程度
			9."互联网＋监管"系统建设及使用情况	
			10.在线企业服务平台建设情况	
			11.数据交换与共享平台建设情况	
			12.数字机关建设水平	
			13.数字化治理水平（包括纠纷化解、社会治安防控、公共安全保障、基层社会治理、智慧应急建设等）	

第四章 辽宁省营商环境评价机制研究

在前几部分本书详细分析了影响辽宁省营商环境建设的宏观因素与微观短板,仔细探讨了我们与先进地区营商环境的差距以及如何借鉴先进的经验来补齐自身短板,在此基础上提出了"十四五"时期辽宁省营商环境评价体系的优化与设计。科学评价体系,须有科学评估作辅助,两者相互依托。但是当前我国营商环境评价评估中最大的问题之一就是前端的评价体系不完善,后端的评估方法不科学。而且,各地各部门各搞一套评价体系和评估方法,暂时未形成全国一盘棋、全省一盘棋的局面,目前实践领域应用度较高的是国家发改委的指标体系,但新问题在于国家发改委的指标体系尚未随世界银行新版"宜商环境评估指标体系"进行修订。

营商环境评估是评估主体对一个国家或地区的营商环境进行的全面、客观、科学的调查和评价活动。① 为更好地对辽宁省营商

---

① 娄成武、张国勇:《基于市场主体主观感知的营商环境评估框架构建——兼评世界银行营商环境评估模式》,《当代经济管理》2018 年第 6 期。

环境进行评估,本部分细分为三大内容:第一部分是对国内外营商环境评估的内容进行整理,以便更好地从中借鉴;第二部分初步提出了辽宁省营商环境评估的设计思路和流程并对评估主体进行界定;第三部分是"十四五"时期辽宁省营商环境评估拟采取的方法。所以在这一部分,本文将从这三个方面入手,为辽宁省营商环境搭建一套完整的评估体系。

一　我国营商环境评价介绍

本世纪之初,全国掀起了招商引资热潮,各省市为了吸引投资,相继发布了投资环境评估报告等。在这些报告中,有不少是关于本地营商环境的描述与分析。此类报告为投资者就本地营商状况作出汇报。可以认为,这是我国营商环境评价的初步做法。在这一背景下,"投资环境评估报告"逐渐成为地方政府和企业改善营商环境、提升投资效率的重要工具之一。随着对营商环境建设的重视度不断提高,多个省市把过去发布的"投资环境评估等"报告改名为"营商环境评估"报告。这类报告不仅涵盖了营商环境各方面情况,还包括一些与国际接轨的指标。2016 年,中国贸促会在中国企业跨国投资研讨会暨中国(苏州)境外投资与服务高峰论坛上发布的《中国投资环境评价报告》就是这类报告的一个例子。该报告主要针对外商投资企业开展营商环境分析研究,旨在对外商投资企业进行分类和排序。随着"一带一路"建设的推进,中国企业对外投资增加,由于各国的社会文化及政治经济制度存在差异,导致投资项目可能会受到不同程度的影响。为了帮助中国企业找到合适的投资地,维护他们境外营商利益,国内陆续出现将他国作为评估对象的营商环境评估,其中以商务部《中国对外投资合作发展报告》最为典型,该报告从多个角度分析了不同国家与我国之间的经贸往来和贸易规模等情况,对各国的产业优势、产业结构以及贸易结构进行了比较研究。《中国海外投资国家风险评级报告》则主要从经济基础、偿债能力、社会弹性、政治风险、对华关系,共5个方面进行评估。[①]

2018 年 8 月,国务院《全国深化"放管服"改革转变政府职能电视电话会议重点任务分工方案的通知》提出"2019 年,在各省(自治区、直辖市)以及计划单列市、副省级城市、省会城市、若干地级市开展营商环境评价[②]……2020 年建立和完善营商环境评估长效机制",国家发展和改革委员会在我国几十个城市分别进行营商环境试评估工作,并于 2020 年推出第一份《中国营商环境报告(2020)》。此外,在立法方面,国务院于 2019 年 10 月 8 日通过了《优化营商环境条例》,于 2020 年 1 月 1 日起实施,并且绝大多数省、自治区和直辖市已经出台了地方版的营商环境立法。全国多家研究机构很快公布了营商环境评估报告。就其评价的内容而言,这些报道或者把营商环境与国家竞争力画上等号,或者对"营商环境"做更笼统的对待,将可采用的各项指标纳入营商环境评估。在学术界对营商环境评估的研究也早已开展,有学者在 2007

---

① 张志铭、王美舒:《中国语境下的营商环境评估》,《中国应用法学》2018 年第 5 期。

② 中华人民共和国中央人民政府网:《国务院办公厅关于印发全国深化"放管服"改革转变政府职能电视电话会议重点任务分工方案的通知》,https://www.gov.cn/zhengce/content/2018-08/14/content_5313752htm,2018 年 8 月 5 日。

年就指出，应从区位条件、基础设施、经济环境、社会环境四个方面建立中国省域投资环境竞争力动态分析与评估指标体系。① 杨涛等基于鲁苏浙粤四省的比较分析，提出当前对国内营商环境的评价应该主要从三个方面展开，包括市场发展环境、政策政务环境和科技创新环境。② 钟飞腾等则在对世界银行营商环境评估指标评判的基础上，将营商环境评价指标体系构成分为五部分：经济基础环境、国际化环境、便利化环境、法治化环境、绿色法治化环境。③ 营商环境评估作为中国营商环境治理深化的关键，近年来得到了中央和地方政府高度重视，营商环境评估呈现"井喷之势"，除政府部门外，还有数量庞大的科研院所、社会机构也步入评价领域，形成了规模化效应。

二　辽宁省"十四五"时期营商环境评价机制

如果把打造优良营商环境作为政府治理根本目标的话，客观看待营商环境的现状、综合评价则是达到这一目的的前提与基础。为更好地对我省营商环境进行评估，本部分立足于辽宁省的实际情况，从主体、流程、方法三个方面入手，搭建一套完整的辽宁省"十四五"营商环境"试评价"评估体系。

① 邓宏兵、李俊杰、李家成：《中国省域投资环境竞争力动态分析与评估》，《生产力研究》2007 年第 16 期。
② 杨涛：《营商环境评价指标体系构建研究—基于鲁苏浙粤四省的比较分析》，《商业经济研究》2015 年第 13 期。
③ 钟飞腾、凡帅帅：《投资环境评估、东亚发展与新自由主义的大衰退—以世界银行营商环境报告为例》，《当代亚太》2016 年第 6 期。

（一）基于市场主体的满意度评价

1. 市场主体是营商环境的最佳评价者

市场经济是包括多个主体在内的经济类型。其中，作为市场主体的人，即个人或个体，又分为自然人和法人两个层次。在此，主体既有政府，还包括企业与个人的关系。市场主体（Market Entity）是指在市场中从事经济活动的主体，有权利，有义务的人与组织体等，包括投资者，经营者、劳动者和消费者。在社会主义市场经济体系中，市场与政府各有分工。市场是社会资源的主要配置者，市场主体成为市场经济最主要、最适当的主体。[①] 所以营商环境的好与坏是企业与群众共同决定的，为了客观，真实地评估辽宁省营商环境，需要以市场主体真实感受为营商环境水平高低的首要标准。

有学者指出"有些地方搞营商环境评估，由政府委办局对下面区县的工作进行打分，再由发改委等负责营商环境工作的综合部门，对各委办局的工作进行打分……这样做，对于完成年度考核任务，或许是个好办法，但要真正测评营商环境的好坏，还必须由市场主体来回答"。[②] 应设计一套可量化的评估体系，从市场中获取数据，允许市场主体因不了解政策而形成认知偏差，因为政策是否落实落地，本身就是营商环境评估的一部分。另外，对于从市场获

① 娄成武、张国勇：《基于市场主体主观感知的营商环境评估框架构建——兼评世界银行营商环境评估模式》，《当代经济管理》2018年第6期。

② 罗培新：《世界银行营商环境评估方法的规则与实践》，《上海交通大学学报（哲学社会科学版）》2021年第29卷第6期。

得的数据,应当第一时间录入系统,并作不可更改处理,避免人为因素影响评价结果。

2. 满意度是营商环境评估的基本标准

满意度理论被人们知晓可能是源于传播度较高的"顾客满意度评价等",其主要应用在工商管理的领域,现如今也有较多的研究将其延伸到公共管理领域。1992 年,美国学者 David Osborne(大卫·奥斯本)与 Ted Gaebler(泰德·盖布勒)在《重塑政府——企业家精神如何改革公共部门》一书中,第一次提出了"公共满意度"的理念,用以表达公众对公共部门所提供公共产品与服务,在预期期望与实际感知对比之后的心理状态。在这个过程中,政府由管理者向公共服务产品提供者过渡,而公众则变成顾客满意度的"顾客"。根据预期期望理论,顾客满意就是指顾客主观感知程度,这一层次就是客户对于企业产品与服务的预期表现与客户期望之间的对比。客户满意模型由客户期望、感知质量与感知价值构成,要想达到客户满意,一定要让客户感知质量超过客户期望,亦即我们常说的"心随所愿"。心理学家 Clark 提出,影响满意度的核心要素是三个,也就是客户的认知、客户参与和客户期待。应用到营商环境建设中,如果市场主体(企业)对营商环境的感知、参与达不到它们的心理预期,满意度就低,反之,满意度就高,如果超过了它们的心理预期,则表示十分满意。①

3. 评价主体

综上所述,可知对营商环境的评价主体即为市场主体,因此本

---

① 娄成武、张国勇:《基于市场主体主观感知的营商环境评估框架构建——兼评世界银行营商环境评估模式》,《当代经济管理》2018 年第 6 期。

文将辽宁省营商环境评价主体分为三个层次。第一个层次:形成由部门、地方、第三方机构、律所等业内人士组成的专家评估团队,旨在增加评估的专业性与科学性;第二个层次:进行辽宁省企业家满意度调查;第三个层次:进行辽宁省居民办事便捷度满意度调查。

（二）评估流程设计

1. 评估原则

（1）"主观"与"客观"相结合

综观各地区评估体系中量化指标,多数是以客观指标和主观指标为基础的架构。虽然各地在主客观指标介入方式、参考比重等方面存在区别,但"客观"与"主观"相结合的方式是基本一致的选择,其结构如下（见图 4-1）:

图 4-1　主客观指标结构示意图

（2）"封闭"与"开放"结合

诚然,政府是营商环境评估工作进程中不可取代的主导力量。但是,政府主导体系,必须重视权力资源开放和公众参与问题,尤其是推进国家治理体系和治理能力现代化过程中,政府和公众更应形成有效合力。同样,在评估过程中,不能采用自我封闭式的评价与主观臆断,防止辽宁省营商环境评估陷于政府"自说自话"的境地。

2. 多方全面评估

在对营商环境进行评估时,评估方的公正度影响了营商环境的公平性，自上而下的评估方式曾受到许多民众质疑其公平性，为避免这一评估方式的弊端，评价主体多元化、创新性评价方法要得到重视，做到定量与定性相结合。多方进行评估，不仅能使评估结果更加公平，还能从各个层面了解营商环境状况，故评估方多样化的设定是评估过程非常重要的一环。

这一部分把辽宁省营商环境评价体系划分为两个部分，首先对政府自我主导驱动进行了评价，此为自我评估，这样的好处是从自身角度出发可以较为容易地找出目前存在的缺点与不足，但同时该种评估方法也存在弊端，可能会受到主观因素和人为因素的影响；另一部分则是委托第三方或社会组织进行评价，其中政府应做公开透明的表率，第三方机构和社会代表人士为他方评估，要严格以公平客观为准绳，把这三个环节考核所取得的成绩累加并加权得到最终成绩。建议辽宁省营商环境评估引入第三方评价机制，按照量化评估，实证分析、综合评价的原则，采用国家通行的"前沿距离得分法和营商环境便利度排名"评价方式，根据得分情况的对比反映我省营商环境改进或者倒退的程度。此外，在各地区越来越关注营商环境的情况下，打着"国家"和"中国"旗号公布的营商环境评价排名的现象屡见不鲜，很多评价机构所使用的指标体系在数据来源和其他方面，与世行评估通行做法大相径庭，部分甚至开展培训，收取参会费用。凡此种种，均违背了评估的初心与价值。而且，更为严重的是，受访对象走马灯似的轮换，很难进行跨年比较。这方面可以借鉴世界银行（以下简称世行）的做法。世行有三个团队，分别是咨询团队、核验团队、打分团队，彼此相对独立。咨询团队负责提供相关咨询服务，核验团队对被评估对象的数据进行核验,打分团队不和评估对象发生接触,只负责打分,而且是以受访专家的回答及受访对象提供的数据为基础的,另外,受访专家相对固定。①

3. 闭环评估

闭环式模式源自工程和企业管理领域的 PDCA 循环,这一概念由美国质量管理专家 W. Edwards Deming 提出,包括计划(plan)、执行(do)、检查(check)、处理(act)四个阶段。其中,计划阶段要求确定目标和方案;执行阶段要求按照已制定的计划实施;检查阶段需对照计划检查执行情况和效果,找出计划在执行过程中存在的问题;处理阶段要求在检查的基础上,将经验和教训总结形成标准,便于以后照此执行。换言之,PDCA 循环是一种"闭环管理",强调任务实现的每一个环节环环相扣,通过对全过程成果的检验,将有效的经验进行推广,对失败的教训进行反思,进而将各环节的经验和教训应用到下一个 PDCA 循环中。简单来讲,所谓"闭环",即自成体系的循环系统。为更好地对辽宁省营商环境进行评估,本书立足于辽宁省实际设计了一个闭环评估流程,即理论研究-专家咨询-实际调研-指标设计-试评价—指标修订—完成指标评价体系设计-正式评价,其目的在于减少外来因素的干预最大限度地保障评估的公平性与可靠性。

4. 具体评估环节

在与专家团队讨论过后,本书初步设计辽宁省营商环境具体的评估环节设计思路:"数据搜集—指标数值确定—部门自评—企

业打分—群众打分—评价复核—媒体发布"。

（1）数据搜集

本书拟采用标准化的方法搜集数据。首先，辽宁省营商环境评估的专家团队与学术顾问需要共同设计"十四五"时期的调查问卷。问卷的设计需要遵循"可量化、可比较、可竞争及可改革"的路径，摒除一切无法客观量化的评价标准。例如，有些地方会把"医疗资源""企业信心""生活品质"等不具有量化性的题目作为营商环境的评价标准。这些题目的回答，因人而异，甚至高度依赖答题者的主观因素，不像办理程序、时间与费用那样具有高度的可量化性，因而可比较、可竞争，最终也找得到改革的方向。

数据搜集方面评估组主要通过线上和线下两种方式进行，在线上评估组通过网上搜索公开的政策文件、工作流程图、办事指南等信息作为最主要的评价依据，若已出台相关政策但在网上无法查询，不作为评价依据。部分无法公开获取的统计类数据，需请有关部门配合提供各市数据。"办理建筑许可""纳税"等指标涉及专业机构问卷调查，需请各市提供符合条件的专业机构名单，由评估组设计发放问卷，邀请专业机构和企业线上填写调查问卷。"办理破产"指标涉及各市审结的破产案件中债权人收回债务的具体情况，请各市提供符合条件全部破产案件样本。除线上评估外，为更加完善地搜集与处理数据，还应设置现场评估，评估组到辽宁省各个地级以上市现场查看政务服务大厅的办事流程，听取市场主体意见和建议，与有关部门进行磋商。

（2）指标数值的确定

为指标设定值的时候，主要采用了两种方式：一类是"法律得分指标"，其主要考察经济体的制度或者法律体系完备与否，或是否得到落实。此类指标是按照书面上法律条文来衡量监管环境。在一些领域，财产权与投资者的保护程度越高（例如，关联交易披露规定得越严），《营商环境报告》给分越多。如果一个经济体在某方面的法律法规不健全，该经济体将被认为"没有实践"。反之，如有法规，但是在实际工作中并未付诸实施；或这一做法被与其相抵触的法律和法规所禁止，经济体将被赋予"没有实践"或者"不可能"的象征。以上无论哪种情况，均把这一经济体放在了这一指标的排名最后。另一类是"时间和运行指标"，主要涉及考察时间类的指标，包括：开办企业等。这些指标都是从企业家视角出发，记录按照监管规定进行一次交易所需要的手续、时间与费用，然后再考虑监管过程是否高效与复杂。对一些指标而言，由于无法核实相关费用，它要求问卷填报者作出某种主观判断。为保证数据的有效，世行经常与从事相关交易的法律人士或专业人士合作。为方便核实，《营商环境报告》会对数据进行复核。总的说来，《营商环境报告》编制方法具有如下优点：一是，此办法非常透明，它利用了法律法规中表达的事实信息，并且为了澄清人们在提问中可能存在的错误认识，会让设计者与本地被调查者（合作者）有多次交流。二是样本精度相对较高，由于调查期间已搜集有关法规，并验证回答是否正确。三是此法易于照搬，因此，可在海量经济体上进行数据采集。四是因为数据收集采用标准化假设，因此，经济体间的比较及基准化分析是可实现的。五是数据既凸显企业遇到的特殊监管障碍，并且也找到了其产生的根本原因，指出了改革的可能方向。另一种为营商便利度的打分方式如下：《营商环境报告》提供了两个综合指标：营商环境便利度分数和营商环境便利度排名,后者基于前者构建。为计算便利度,DB 将 10 大指标细分为 41 个指标,便利度得分则是 10 个主题得分的平均数。由于每个指标的单位是不一样的,因此,并不能通过直接的加和去计算。所以《营商环境报告》采用通过线性变换,将各个指标归一化为共同的单位,其公式如下:得分＝100×(worst-y)/(worst-best)。为方便计算与查询,世行官网设置了专门的计算器供人们使用,在上述公式中,用 worst 和 best 来衡量被评估经济体与最佳监管绩效之间的差距,该数值每五年确定 1 次,即 worst 与 best 分别代表该经济体指标在五年内的最差监管绩效与最佳监管绩效,若有表现优于 best 或表现劣于 worst 的,不更改 best、worst 值。只是,以上超出 best 或者 worst 范围的表现,将归一化到 100 或者 0。所以,营商环境便利度得分随时间推移能够体现监管环境绝对意义方面的改变。与此对应,营商环境便利度排名只能反映监管环境在相对位置上的变化情况。综上所述两种方法都有大量值得辽宁省借鉴的经验,为更贴合辽宁省实际,本书建议可以采用两种方法结合的方式,进行双重评估,将得来的结果再次进行权重分配,以期得到更加公平的结果。

(3) 部门自评

部门自评即为部门的自我评价,部门自评有利有弊,由部门自己出具的评价,其评价结果的客观性可能会受到挑战,但是一方面,部门自评的时间相对于他评的时间较短,效率相对较高,采取各部门广泛开展自评的方式,可以将整体评估工作量进行分解,起到化整为零的效果。同时,部门自评的进行也可以率先看见此次评价的走向,及时发现问题并进行整改。另一方面,虽然部门自评可操作的空间比较大,但部门内部始终是掌握部门信息最完整的地方,也是获取一手资料最便捷的渠道,是营商环境评估必不可少的关键环节。而且,从财政支出的角度看,部门自评也可以降低财政成本。

（4）企业与群众打分

基于上文的阐述,营商环境的好与坏归根到底还是需要企业、群众等市场主体来进行评价,此环节的目的在于获取市场主体的真实感受,本部分主要借鉴世行以客观问题为主要内容的问卷调查方法,进行主观测量,从而获得辽宁省近年来营商环境建设的实际情况。世行采用问卷调查的方式,仅做客观层面的衡量。在一般概念上,问卷调查衡量被调查对象的主观感觉和评价。以避免因主观调查而产生偏见和信息模糊,世行问卷去掉主观问题,而只衡量法律法规文本信息与实际行政程序。为进一步缩小答题范围,世行问卷为每项评价制定了标准情景案例,并且给出了关键术语的界定。从评价的内容来看,首先要明确相关产权交易规则、市场进入与退出的准则,以及相关规定等。本章前半部分对我省营商环境发展中"难点""卡点"问题进行了细致分析,企业的主要关注点在于行政干预失当,包括过多的行政审批,行业准入等、审批手续复杂、政府制定的行业门槛不合适,和正向干预的缺失。此外,根据国家调查显示我国企业普遍反映的金融服务不到位问题,集中体现在融资成本高,企业难以通过正常渠道得到银行贷款和企业融资等问题,[1]辽宁省也不例外。所以,此处需与专家团队协商深入调查企业与群众最关切的问题,深入分析企业和群众的感受,并将所搜集来的答案

---

① 张志铭、王美舒:《中国语境下的营商环境评估》,《中国应用法学》2018年第5期。

转化为可测量的量化指标进行进一步分析与考量。

（5）评估复核

在营商环境评估后，地方根据营商环境的结果进行整改，评估体系根据该地的完善情况对营商环境进行复核。对其发展潜力进行复核，对营商环境进行再评估。拟在辽宁省营商环境评估完成之后的一个月内启动调查会，联合项目组的情况对营商环境的改善情况进行评估，同时向社会各界公开评估改善营商环境所实施的相关计划和方案。调查会审核的范围主要集中在对项目范围的可行性评估以及对负责单位的分工审核等方面，其职责在于考察评估是否完善、职责及工作的分配是否合理等。

（6）媒体发布

媒体发布的主要内容是对辽宁省营商环境所评估的情况向公众进行披露，包括辽宁省营商环境评估的进度、内容、范围、结果等，使得社会各界更加了解辽宁省营商环境的评估情况，其本质是信息公开的一种形式。2017 年 7 月，习近平总书记在中央财经领导小组第十六次会议中提出营造稳定公平透明、可预期的营商环境，既为优化营商环境指明了价值方向也表明透明对于营商环境优化的重要作用。① 此后，各地政府纷纷将完善政府信息公开工作作为优化营商环境的重要环节，政府活动、重要讲话、媒体报道层出不穷，如辽宁省在政务公开当日推出"解决群众办事难　打造营商环境最优省"宣传活动等。

---

① 中国青年网：《习近平主持召开中央财经领导小组第十六次会议强调 营造稳定公平透明的营商环境 加快建设开放型经济新体制》，http：// news. youth. cn/sz/201707/t20170717_10313402. htm，2017 年 7 月 17 日。

在信息公开方面,应将营商环境评估工作所涉及到的问卷内容、数据来源、指标体系等尽可能地向公众公开,该做法可以使我省营商环境评估的指标体系和操作方法能够在质疑和反思中不断得到改善,从而更具有实践价值。其次,作为营商环境评估的"国家队",国务院发展和改革委员会的《中国营商环境报告(2020)》是一个良好的开端,提供了一个世界银行营商环境评估"中国化"的样本,但是有些方法论问题依然没有解决。如除了世界银行的十个评价指标,该报告增加的其他评价指标是如何入选、量化评估的等。总之,若要使一项评估能够真正有生命力,方法论的可解释性、操作方法的可复制性、数据的开放性和共享性都是基本的要求。所以为使得辽宁省营商环境建设工作的经验具有可复制性,相关部门要及时做到信息公开和共享。

三　评价方法

(一) 随机抽样法

所谓随机抽样法,就是把调查对象总体中的每一部分都抽定为同一概率,是完全按机会均等原则进行抽样调查的。为了解企业对政府采购、公共资源交易、政务服务、服务非公经济等工作的评价;群众对政府工作满意度的评价等情况,拟采取抽样调查的方法,在企业的选择上,拟由辽宁省各县(市、区)上报自 2021 年以来在相关部门办理过调查内容事项的企业名单,并从中随机抽取一定数量样本开展调查。抽中的样本企业由具体经办过相关事项的工作人员进行问卷填报;在群众的选择上,拟抽取近 5 年来上访过以及在政务部门办理过业务的群众,向其发放满意度调查问卷,并进行问卷填写。

(二) 现场检查

现场检查是营商环境评估必不可少的一环,评估人员直接深入到各个职能部门,聚焦企业和群众最关心的问题进行现场检查,并了解工作人员是否真正落实我省为优化营商环境建设提出的各项政策,这能使得评估人员有着更为直观的感受,虽然大数据网络等不断发展,但现场检查仍是营商环境建设工作的重要环节。辽宁省现场检查工作,实行"双随机、一公开"监管,随机抽取执法人员和执法对象,有效防范权力寻租;按照新修订的行政处罚法,全面落实"初次违法且危害后果轻微并及时改正的,可以不予行政处罚"的规定。同时,要避免经常查、任意查、重复查,以及其他影响正常生产经营的问题,减轻企业负担。

(三) 德尔菲法

"德尔菲法"核心在于进行多轮独立反馈,使得专家之间互不接触(不向参评专家透露其他人员的具体信息)但又能够知悉自己意见之外的其他意见,这样能很大程度上避免集体讨论可能出现的对权威的屈服或对多数的盲从。在评审做到独立思考问题的基础上,经过数轮专家意见的归纳和发布,整合和集中专家意见,直到他们不再更改意见。之所以选用"德尔菲法",主要是为了集思广益、取众家之长。也可以把权威的观点、专家之间的影响力降至合理水平,确保评价定量化合理进行。然后,需对辽宁营商环境评估所收集的信息进行分析、处理,这一阶段是定性评估结果最终转化为量化数值的关键环节。目前使用最多的量化方法就是通过打分法把各评估意见转化为分值,进而得到各评估意见概率分布。一般可供选择的处理数据的方法分为四种,分别是:(1)中位数和上、下四分点法;(2)算术平均统计处理法;(3)主观概率统计处理法;(4)非量化预测结果的统计处理法。

必须指出的是,将"德尔菲法"运用在营商环境评估过程中还存在一些需要注意的问题:(1)因为营商环境评估具有交叉学科研究评价的特性,所以,在"德尔菲法"的运用中可考虑合理选择派生"德尔菲法"以适应评估;(2)若仅在权重的确定阶段采用"德尔菲法"进行,那么可以说是"德尔菲法"的环节运用,这类运用因评价环节自身而表现出阶段性、局部性等特点,必然存在着参加评估的专家很难将自己的长处最大化,不利于协调专家和评估组织者之间的关系。由于对"德尔菲法"环节应用与全程应用二者进行选择很大程度上涉及到评估本身开放程度的问题,所以,这不仅是关涉"德尔菲法"的技术价值,更关涉评估组织者本身的设计理念。

(四) 电话调查

电话调查也是营商环境评估搜集数据的一种线上方式,其目的在于更直接地对调查对象进行访谈,以便搜集一手资料,减少外来因素干预。在进行电话访谈之前应及时发布公告,在公告中详细标明访谈开展的时间,列举出官方固定电话,仍然采取随机抽样原则,随机抽取企业、群众对其进行电话调查,应避免一些无意义的提问,尽可能地采取可量化的问题进行提问。

（五）网络监测法

随着大数据产业的快速发展,政府政务效率、法治体系建设和诚信体系构建等方面都可用云端的"大数据"进行及时监测和更新。以大数据技术为载体的线上政务服务新模式,能为市场主体提供快捷、高效的业务办理审批流程;政务数据的互通化使得大数据在促进业务协调等方面也能够发挥显著的作用。因此,大数据产业有助于提升营商环境的服务质量,并能够有效协助市场监管部门等更好地开展市场监督和社会管理等活动。①

"十四五"时期辽宁省营商环境评估中,需要借助大数据监测技术,对采集的数据进行实时监测并通过大数据分析系统同步校验,比对由政府部门填写的调查问卷、抽选出企业填写的问卷和其他资料,保证调查数据的综合性和完整性;建立动态化的营商环境可视系统,实时以实现在线分析,精准调整,也便于及时将存在问题处理,反馈给专家团队共同探讨和解决,以避免数据搜集不完整、数据搜集有误等情况的发生,给后续评估带来麻烦,费时费力。

---

① 王惠雁、李桥兴:《我国大数据产业与营商环境的耦合关系和协调发展研究》,《中国物价》2022年第5期。

结　　语

　　本书致力于以"小切口"解决"大问题",以"营商环境评价体系"为抓手,研究和找出影响辽宁营商环境建设的关键因素,以评估评价倒逼营商环境建设和配套改革,从而在中观上推动辽宁营商环境建设的工作实践,在宏观上推动辽宁经济社会的进一步发展。在写作过程中,笔者阅读了大量相关文献并查阅了相关资料,深刻体会到辽宁省为发展"营商环境最优省"所做的努力,也感受到在这个过程中辽宁省营商环境的不断进步,但与国内先进地区相比,辽宁省营商环境建设之路仍然任重道远。为充分发挥评价对优化营商环境的引导和督促作用,以评促改、以评促优,本书根据辽宁省的实际情况在法治框架内探索形成了更多原创性、差异化的优化营商环境具体措施,例如,本书在借鉴世界银行营商环境评价体系以及发改委《中国营商环境评价指标体系》的基础上,结合辽宁特色从"成本"和"收益"正反两个方面入手双管齐下,同时引入金融环境、人才环境、技术创新环境等"软环境"指标,并与时俱进地增加了数字化营商环境评价指标的内容,以上可视为本书对优化辽宁营商环境评价体系的些许微薄贡献。科学的评价体系需要科学的评估作为辅助,二者互为支撑。在最后一章,本书列举了理想化情况下我省营商环境评估的流程,这一流程还需要实践的不断检验与优化。在党的二十大报告中习近平总书记再次强调建设市场化法治化国际化营商环境,①辽宁也将营商环境问题定位于是影响全省发展的战略性问题。为此,在全面建设社会主义现代化强国,全面推进中华民族伟大复兴的新时代新征程上,辽宁要继续把好营商环境建设关,重点解决影响全省营商环境建设的"难点"与"卡点",以评价指标作为"风向标"引领"十四五"时期营商环境高质量发展,为经济社会进一步发展提供良好环境。

---

　　①　习近平:《高举中国特色社会主义伟大旗帜　为全面建设社会主义现代化国家而团结奋斗——在中国共产党第二十次全国代表大会上的报告》,《人民日报》2022年10月26日第1版。

参 考 文 献

［1］习近平：《高举中国特色社会主义伟大旗帜　为全面建设社会主义现代化国家而团结奋斗——在中国共产党第二十次全国代表大会上的报告》，《人民日报》2022年10月26日第1版。

［2］中国政府网：《李强主持召开国务院常务会议　听取优化营商环境工作进展及下一步重点举措汇报等》，https：//www.gov.cn/yaowen/liebiao/202306/content_6884318.htm，2023年6月2日。

［3］中国社会科学院财经战略研究院：《中国城市竞争力报告No.19：超大、特大城市：健康基准与理想标杆》，http：//naes.cssn.cn/cj_zwz/cg/yjbg/csjzl-bg/202111/t20211104_5371703.shtml，2021年11月4日。

［4］宋林霖、何成祥：《优化营商环境视阈下放管服改革的逻辑与推进路径——基于世界银行营商环境指标体系的分析》，《中国行政管理》2018年第4期。

［5］Robert L Rothstein：*Global Bargaining，UNCTAD and the Quest for a New International Economic Order*，Princeton：Princeton University Press，1979.

［6］鲁楠：《法律全球化视野下的法治运动》，《文化纵横》2011年第3期。

[7] 宋林霖:《世界银行营商环境评价体系详析》,天津人民出版社 2018 年版,第 9 页。

[8] 孙悦、余长江:《世界银行营商环境评价解析与应对——以"保护少数投资者"指标为研究对象》,《西安财经大学学报》2021 年第 6 期。

[9] 深圳证券交易所网站:关于发布《深圳证券交易所创业板上市公司规范运作指引(2020 年修订)》及有关事项的通知,http://www.szse.cn/disclo-sure/notice/general/t20200612_578379.html,2020 年 6 月 12 日。

[10] 刘启亮、李增泉、姚易伟:《投资者保护、控制权私利与金字塔结构——以格林柯尔为例》,《管理世界》2008 年第 12 期。

[11] 陈亚温:《艾哈德的经济理论与实践》,《经济研究》1985 年第 12 期。

[12] 罗培新:《世界银行营商环境评估方法论:以"开办企业"指标为视角》,《东方法学》2018 年第 6 期。

[13] 洪银兴:《从比较优势到竞争优势——兼论国际贸易的比较利益理论的缺陷》,《经济研究》1997 年第 6 期。

[14] Adam Smith, *An Inquiry into the Natureand Causesofthe Wealthof Nations*, Chicago, IL: University of Chicago, 1976, p. 1776.

[15] 周林彬、王睿:《法律与经济发展"中国经验"的再思考》,《中山大学学报(社会科学版)》2018 年第 6 期。

[16] SIMEON D, OLIVER H, CARALEE M, AND REI S, "Debt Enforcement around the World", *Journal of Political Economy*, Vol. 116, No6, 2008, p1105 - 1149.

[17] 丁燕:《世行"办理破产"指标分析与我国破产法的改革》,《浙江工商大学学报》2020 年第 1 期。

[18] 袁达松:《我国法治营商环境的包容性治理——兼论世界银行评估指标的普适性与差异性》,《人民论坛》2021 年第 15 期。

[19] 潘思蔚、徐越倩:《数字营商环境及其评价》,《浙江社会科学》2022 年第

11 期。

[20] 费军、贾慧真:《智慧政府视角下政务 APP 提供公共服务平台路径选择》,《电子政务》2015 年第 9 期。

[21] 中华人民共和国中央人民政府网:《力争 2030 年前实现碳达峰,2060 年前实现碳中和——打赢低碳转型硬仗》,http://www. gov. cn/xinwen/2021-04/02/content_5597403. htm,2021 年 4 月 2 日。

[22] 顾雪芹、李育冬、余红心:《长江三角洲地区营商环境政策举措与效果评价》,《中国流通经济》2020 年第 6 期。

[23] 张潇尹:《构建广西营商环境评价指标体系的思考》,《市场论坛》2019 年第 8 期。

[24] [美]柯提斯·J. 米尔霍普、卡塔琳娜·皮斯托:《法律与资本主义:全球公司危机揭示的法律制度与经济发展的关系》,罗培新译,北京大学出版社 2010 年版,第 20—24 页。

[25] David M. Trubek, "Max Weber on Law and the Rise of Capitalism", *Wisconsin Law Review*, No. 3,1972,p. 720‐753.

[26] Douglass C. North, *Institutions, Institutional Change, and Economic Performance*, St. Louis:Washington University Press,1990.

[27] 国家发展改革委:《中国营商环境报 2020》,https://hd. ndrc. gov. cn/yjzx/yjzx_add. jsp? SiteId=320,2022 年 03 月 15 日。

[28] 刘帷韬:《我国国家中心城市营商环境评价》,《中国流通经济》2020 年第 9 期。

[29] 张洪云:《营商环境评价体系研究——世行、国家发改委、北京市指标的比较分析》,http://www. zhzgzz. com/xhtml1/report/2103/541-1. html/,2021 年 03 月 05 日。

[30] 浙江省发展和改革委员会:《浙江省营商环境评价实施方案(试行)》,https://fzggw. zj. gov. cn/art/2019/11/29/art_1599544_40618962. html,

2019 年 11 月 29 日。

[31] 北京市人民代表大会常务委员会：《北京市优化营商环境条例》，http://www. bjrd. gov. cn/rdzl/dfxfgk/dfxfg/202208/t20220830_2803167. html，2022 年 8 月 29 日。

[32] 世界银行：《营商环境报告 2020》https://openknowledge. worldbank. org/server/api/core/bitstreams/75ea67f9-4bcb-5766- ada6-6963a992d64c/content，2019 年 10 月 23 日。

[33] 新京报：《中国营商环境跃居全球第 31 位专家解读北京做何种贡献》，https://baijiahao. baidu. com/s? id＝164868467 8953074200&wfr＝spider&for＝pc，2019 年 10 月 29 日。

[34] 市场监管总局：《优化企业开办服务、营造良好营商环境有关情况专题新闻发布会》，http://www. gov. cn/xinwen/2021-04/29/content_5603688. htm，2021 年 04 月 29 日。

[35] 上海市发展和改革委员会：《上海市营商环境创新试点实施方案》，https://fgw. sh. gov. cn/fgw_yshjjs/20211229/060c251e8b404a9db7144b851934fee8. html，2021 年 12 月 27 日。

[36] 贾楠：《上海推出 172 项改革举措，加大优化营商环境改革力度》，https://news. sina. cn/sh/2021-12-29/detail-ikyamrmz1920623. d. html? vt＝4，2021 年 12 月 29 日。

[37] 杨姝琴：《以包容审慎监管助力广州营商环境优化》，《国际商务财会》2021 第 8 期。

[38] 习近平：《携手构建亚太命运共同体——在亚太经合组织第二十七次领导人非正式会议上的发言》，https://baijiahao. baidu. com/s? id＝1683886783141687586&wfr＝spider& for＝pc，2020 年 11 月 20 日。

[39] 辽宁省人民政府网：《辽宁省"十四五"社会信用体系建设规划》政策解读，https://www. ln. gov. cn/web/zwgkx/zcjd/zcjd/83A7EE10B14548BCB

7397EB738B462A8/index. shtml,2022 年 2 月 14 日。

[40] 陈继:《阻滞与纾解:治理现代化视域下基层政府诚信体系建设问题分析》,《社会科学论坛》2022 年第 1 期。

[41] 段江波、朱贻庭:《政务诚信与行政公正》,《伦理学研究》2013 第 5 期。

[42] 中国政府网:《辽宁省人民政府关于加强诚信政府建设的决定》,https://www. ln. gov. cn/web/zwgkx/zfwj/szfwj/zfwj2011 _ 136267/9BCC0BD5A92B45ABB1D784D2568935D1/index. shtml,2019 年 12 月 12 日。

[43] 辽宁省人民政府网,《辽宁省政务严重失信行为联合惩戒实施办法(试行)》政策解读,https://www. ln. gov. cn/web/zwgkx/zcjd/zcjd/8B05EB628E5A48929A39FC3B7402E119/index. shtml,2022 年 1 月 24 日。

[44] 袁莉:《新时代营商环境法治化建设研究:现状评估与优化路径》,《学习与探索》2018 年第 11 期。

[45] 张宏伟:《管理协同:行政改革视域下公务员科学管理的方向》,《行政管理改革》2017 年第 5 期。

[46] 许冉:《法治营商环境优化研究》,硕士学位论文,山东大学,2020 年,第 35 页。

[47] 游伟:《对经济行为慎用"刑事优先"》,《检察风云》2014 年第 1 期。

[48] 石佑启、陈可翔:《法治化营商环境建设的司法进路》,《中外法学》2020 年第 3 期。

[49] 大连保税区管委会网站:中共辽宁省委辽宁省人民政府关于印发《辽宁"一带一路"综合试验区建设总体方案》的通知,https://www. dlftz. gov. cn/news/view_247977. html♯main,2018 年 9 月 17 日。

[50] 习近平:《论坚持全面依法治国》,中央文献出版社 2020 年版,第 254 页。

[51] 辽宁省人民政府网站:《我省发布法治化营商环境评价指标体系》,http://www. ln. gov. cn/ywdt/jrln/wzxx2018/202201/t2022 0115_4491838. html,2022 年 1 月 15 日。

［52］北京民生智库:百年民生路系列研究——中国营商环境发展历程回顾,https://m. thepaper. cn/baijiahao_13647817,2021 年 7 月 19 日。

［53］北京民生智库:百年民生路系列研究——中国营商环境评价体系研究,https://www. thepaper. cn/newsDetail_forward_13924523,2021 年 7 月 28 日。

［54］辽宁省统计局官网:《二〇二一年辽宁省国民经济和社会发展统计公报》,http://tjj. ln. gov. cn/tjsj/tjgb/ndtjgb/202203/t20220319_4529979. html,2022 年 3 月 19 日。

［55］经济日报:《推动振兴发展取得新突破　切实维护国家"五大安全"——专访辽宁省委书记张国清》,http://paper. ce. cn/jjrb/html/2022-02/25/content_458603. htm,2022 年 2 月 25 日。

［56］中国政府网:营商环境政策数据库:http://www. gov. cn/zhengce/yingshang huanjingzck/index. htm.

［57］中华人民共和国政府网站:http://sousuo. gov. cn/s. htm? t＝zhengce&q ＝%E8%90%A5%E5%95%86%E7%8E%AF%E5%A2%83.

［58］辽宁省营商环境建设局:政府信息公开:http://ysj. ln. gov. cn/zfxxgk_147389/fdzdgknr/lzyj/.

［59］辽宁省人民政府网站:政务公开 http://www. ln. gov. cn/zwgkx/zfwj/.

［60］世界银行:《营商环境报告 2020》,https://openknowledge. worldbank. org/server/api/core/bitstreams/75ea67f9-4bcb-5766-ada6-6963a992d64c/content,2019 年 10 月 23 日。

［61］辽宁省人民政府:《辽宁省人民政府办公厅关于印发〈辽宁省营商环境建设行动方案〉(2021—2025 年)的通知》,https://www. ln. gov. cn/web/qmzx/yshj/zcwj/FAD126C69A68440A93370E4F9　2F90FF8/index. shtml,2022 年 1 月 19 日。

［62］辽宁省人民政府:《辽宁省人民政府关于印发〈辽宁省国民经济和社会发展

第十四个五年规划和二〇三五年远景目标纲要〉的通知》,https://www. ln.

gov. cn/web/zwgkx/zfwj/szfwj/zfwj2011_148487/5707988A77744C8BA6A039712

A1B55 FB/index. shtml,2021 年 3 月 30 日。

［63］辽宁省人民政府办公厅:《辽宁省营商环境建设行动方案(2021—2025

年)》,https://www. ln. gov. cn/web/qmzx/yshj/zcwj/FAD126C69A68440

A93370E4F92F90FF8/index. shtml,2022 年 01 月 29 日。

［64］中国政府网:《全国一体化政务平台移动端建设指南》,https://www. gov. cn/

zhengce/content/2021-11/12/content_5650485. htm,2021 年 11 月 12 日。

［65］阮并晶、张绍良:《土地市场景气指标体系及评价模型的建立》,《资源开

发与市场》2008 年第 5 期。

［66］中央政府网:《国务院办公厅关于印发要素市场化配置〈综合改革试点总

体方案〉的通知》,https:// www. gov. cn/zhengce/content/2022-01/06/

content_5666681. htm,2022 年 1 月 6 日。

［67］孙文凯、赵忠、单爽等:《中国劳动力市场化指数构建与检验》,《经济学

(季刊)》2022 年第 19 卷第 4 期。

［68］北京大学汇丰商学院:《樊纲教授等发布中国市场化八年进程报告》,ht-

tps://www. phbs. pku. edu. cn/2016/news_0425/3170. html,2016 年 4 月

25 日。

［69］马铁梦、王巍、林卫华:《江西省市场化程度的测量与分析》,《中国市场》

2016 年第 38 期。

［70］山丹花、薄颖辉:《浅析金融发展水平的度量指标体系》,《时代金融》2020

年第 8 期。

［71］辽宁省人民政府:《辽宁省人民政府办公厅关于印发〈辽宁省“十四五”科

技创新规划〉的通知》,https:// www. ln. gov. cn/web/zwgkx/zfxxgk1/

fdzdgknr/ghxx/zxgh/202302061648298 3735/index. shtml,2022 年 2 月

15 日。

[72] 辽宁省人民政府:《辽宁省人民政府关于印发〈辽宁省国民经济和社会发展第十四个五年规划和二〇三五年远景目标纲要〉的通知》,https://www.ln.gov.cn/web/zwgkx/zfwj/szfwj/zfwj2011_148487/5707988A77744C8BA6A039712A1B55 FB/index.shtml,2021 年 3 月 30 日。

[73] 世界银行:《营商环境报告 2020》,https://openknowledge.worldbank.org/server/api/core/bitstreams/75ea67f9-4bcb-5766-ada6-6963a992d64c/content,2019 年 10 月 23 日。

[74] 国家统计局:《对营商环境如何进行综合评价》,https://www.stats.gov.cn/zs/tjws/tjjc/202301/t20230101_190338 2.html,2023 年 1 月 1 日。

[75] 北京大学光华管理学院:《中国省份营商环境研究报告 2020》,https://www.gsm.pku.edu.cn/info/1316/22719.htm,2020 年 1 月 11 日。

[76] 代杰:《论法律评价指标》,《唐山学院学报》2013 年第 26 卷第 2 期。

[77] 王思亓、王宇琪、孙莉莉:《辽宁省经济发展环境优化方法研究》,《现代商业》2022 年第 8 期。

[78] 刘雁鹏:《全国人大 2021 丨学者点评人大立法工作:及时回应当下中国面临的挑战》,https://finance.sina.com.cn/jjxw/2022-03-09/doc-imcwiwss5073705.shtml,2022 年 3 月 9 日。

[79] 成协中:《优化营商环境的法治保障:现状、问题与展望》,《经贸法律评论》2020 年第 3 期。

[80] 刁梦梦、王子涵:《我国法治政府评估指标体系的问题与建议》,《黑龙江省政法管理干部学院学报》2018 年第 4 期。

[81] 范仲瑾、罗向阳、王峰:《"案-件比":衡量司法质效的标尺》,《检察日报》2020 年 4 月 28 日第 3 版。

[82] 李志军、张世国、牛志伟等:《中国城市营商环境评价及政策建议》,《发展研究》2021 年第 38 卷第 9 期。

[83] 苏驰翔、关玉:《加强社会信用体系建设,完善社会信用信息系统》,《时代

金融》2019 年第 8 期。

［84］王淑芹:《探索与创新:社会诚信建设的中国特色》,《马克思主义与现实》
2020 年第 3 期。

［85］何玲、吴限:《将信用监管嵌入到市场经济各个环节——写在〈国务院办
公厅关于加快推进社会信用体系建设构建以信用为基础的新型监管机
制的指导意见〉发布之际》,《中国信用》2019 年第 8 期。

［86］辽宁省人民政府:《辽宁省人民政府办公厅关于印发〈辽宁省全面推行证
明事项和涉企经营许可事项告知承诺制工作实施方案〉的通知》,https:
//www. ln. gov. cn/web/zwgkx/zfwj/szfbgtwj/zfwj2011_140408/B89B5D
21319040EDADE897273 97BC249/index. shtml,2020 年 12 月 27 日。

［87］辽宁省人民政府:《辽宁省人民政府办公厅关于印发〈辽宁省政务严重失
信行为联合惩戒实施办法(试行)〉的通知,https://www. ln. gov. cn/
web/zwgkx/zfwj/szfbgtwj/2022n/065D86501B

A147A3AB05DF48B75DD0AA/index. shtml,2022 年 1 月 7 日。

［88］辽宁省人民政府:《辽宁省社会信用条例》,https://www. ln. gov. cn/
web/zwgkx/zfxxgk1/fdzdgknr/lzyj/gwyfg_3/C37BB 9B0CD6548A989090
12960ED9AA5/index. shtml,2021 年 12 月 3 日。

［89］中央人民政府:《市场监管总局关于推进企业信用风险分类管理进一步
提升监管效能的意见》,https://www. gov. cn/zhengce/zhengceku/2022-
02/14/content_5673425. htm,2022 年 1 月 13 日。

［90］王璐瑶、葛顺奇:《投资便利化国际趋势与中国的实践》,《国际经济评论》
2019 年第 4 期。

［91］世界银行:《营商环境报告 2020》,https://openknowledge. worldbank.
org/server/api/core/bitstreams/75ea67f9-4bcb-5766-ada6-6963a992d64c/
content,2019 年 10 月 23 日。

［92］李轩、安珂敏:《投资便利化水平对中国向"一带一路"沿线国家直接投资

的影响》,《东北亚经济研究》2021 年第 5 卷第 2 期。

[93] 王素芹、邵占强:《基于因子分析法的我国各省份投资便利化水平测度》,《华北水利水电大学学报(社会科学版)》2020 第 36 卷第 1 期。

[94] 王晓玲:《辽宁自贸试验区营商环境评价与优化》,《东北财经大学学报》2018 年第 4 期。

[95] 呙小明、梁丹旋、黄森:《亚太经合组织成员投资便利化水平测度研究》,《北方经贸》2021 年第 2 期。

[96] 龙少波、张军:《外贸依存度、外资依存度对中国经济增长影响——基于 ARDL-ECM 边限协整方法》,《现代管理科学》2014 年第 9 期。

[97] 孙鹏、贺文丽、李世杰:《建省以来海南对外开放度测度及与其他经济特区比较——兼论海南建设中国特色自由贸易港的政策建议》,《海南大学学报(人文社会科学版)》,2018 第 36 卷第 6 期。

[98] 北京大学光华管理学院:《中国省份营商环境研究报告 2020》,https://www.gsm.pku.edu.cn/info/1316/22719.htm,2020 年 1 月 11 日。

[99] 程中海、罗芳:《贸易开放度与经济增长关联性研究——以新疆为例》,《生产力研究》2010 年第 1 期。

[100] 刘庆超、侯少鹏、孙嘉鹏等:《自由贸易试验区对外开放度及其影响因素分析》,《区域金融研究》2020 年第 5 期。

[101] 谢颖婷、孙红梅:《城市自然生态环境可持续发展水平评价——以上海与东京比较为例》,《环境与可持续发展》2021 年第 46 卷第 6 期。

[102] 林炜铠,田杰,孔薇丝等:《基于遥感影像的徐州市自然生态环境评价》,《农村实用技术》2021 年第 6 期。

[103] 董家华、王欣、李宇等:《生态宜居性评价把脉城市生态质量》,《环境经济》2021 年第 24 期。

[104] 新浪财经:《2019 年中国城市营商环境指数评价报告》,https://finance.sina.com.cn/hy/hyjz/2019-05-14/doc-ihvhiqax855 8284.shtml,2019 年 5

月 14 日。

[105] 李雪铭、白芝珍、田深圳等：《城市人居环境宜居性评价——以辽宁省为例》，《西部人居环境学刊》2019 第 36 卷第 6 期。

[106] 王文卉、张建：《基于住户体验的住区宜居性评价体系构建及应用研究——以北京居住区为例》，《建筑学报》2021 年第 S2 期。

[107] 陈企业、沈开艳、王红霞等：《城市宜居性评估研究——基于评价方法和"What-if"模拟分析的探讨》，《上海经济研究》2020 年第 6 期。

[108] 郭薇、薛妍：《关于推动我省营商环境高质量发展的三点建议》，《咨询文摘》2021 年第 19 期。

[109] 新浪财经：《2019 年中国城市营商环境指数评价报告》，https://finance.sina.com.cn/hy/hyjz/2019-05-14/doc-ihvhiqax8558 284.shtml，2019 年 5 月 14 日。

[110] 抚顺市发展和改革委员会：《我市高新区在国家双创示范基地 2021 年度区域示范基地专项评估排名第十》，https://fsfgw.fushun.gov.cn/xwdt/001001/20220411/2f7be7f2-bb96-47c7-b8f5-eab70c9 9b26e.html，2022 年 4 月 11 日。

[111] 国际发展和改革委员会：《迈向国际化的创业》，https://www.ndrc.gov.cn/xxgk/jd/jd/202008/t20200806_123565 3.html，2020 年 8 月 6 日。

[112] 沈阳市人民政府外事办公室：《关于扎实有力推进沈阳国际化创新型城市建设的议案（第 232 号）的答复》，http://wb.shenyang.gov.cn/zwgkzdgz/fdzdgknr/jyta/202207/t20220 711_3405923.html，2021 年 4 月 22 日。

[113] 辽宁省人民政府：《辽宁省人民政府办公厅关于印发〈数字辽宁发展规划（2.0 版）〉的通知》，https://www.ln.gov.cn/web/zwgkx/zfxxgkl/fdzdgknr/ghxx/zxgh/2023020616482372731/，2021 年 10 月 25 日。

[114] 国家工业安全信息发展中心：《发布 | 国家工信安全中心发布〈2021G20

数字营商环境评价报告〉》,https://cics-cert. org. cn/web_root/webpage/ar-ticlecontent_101006_147568 89174988 59521. html,2021 年 12 月 28 日。

[115] 国务院国有资产监督委员会:《关于加快推进国有企业数字化转型工作的通知》,http://www. sasac. gov. cn/n2588020/n2588072/n2591148/n2591150/c15517908/content. html,2020 年 9 月 21 日。

[116] 徐向梅:《高度关注优化数字营商环境》,《经济日报》2022 第 10 期。

[117] 艾媒网:《2021 年中国企业数字化发展现状及细分领域情况分析》,ht-tps://www. iimedia. cn/c1020/81382. html,2021 年 10 月 10 日。

[118] 国务院国有资产监督委员会:《关于加快推进国有企业数字化转型工作的通知》,http://www. sasac. gov. cn/n2588020/n2588072/n2591148/n2591150/c15517908/content. html,2020 年 9 月 21 日。

[119] 国家信息中心:《中国产业数字化报告 2020》,http://www. sic. gov. cn/sic/83/260/0714/10539_pc. html,2020 年 7 月 14 日。

[120] 郁建兴、高翔:《以数字化改革提升政府治理现代化水平》,http://www. xinhuanet. com/politics/2021-03-26/c_11272 57333. htm,2021 年 3 月 26 日。

[121] 辽宁省人民政府:《辽宁省人民政府办公厅关于印发〈辽宁省营商环境建设行动方案(2021—2025 年)〉的通知》,https://www. ln. gov. cn/web/qmzx/yshj/zcwj/FAD126C69 A68440A93370E4F9 2F90FF8/in-dex. shtml,2022 年 1 月 29 日。

[122] 张军:《提高数字政府建设水平(人民观察)》,《人民日报》2021 年 10 月 29 日第 9 版。

[123] 中央人民政府:《国务院关于加强数字政府建设的指导意见》,https://www. gov. cn/zhengce/content/2022-06-23/content_569 7299. htm,2022 年 6 月 23 日。

[124] 中华人民共和国中央人民政府网站:《中共中央办公厅 国务院办公厅印

发〈关于推进社会信用体系建设高质量发展促进形成新发展格局的意见〉》，http：// www. gov. cn/zhengce/2022-03/29/content _ 5682283. htm，2022 年 3 月 29 日。

[125] 许可、王瑛：《后危机时代对中国营商环境的再认识—基于世界银行对中国 2700 家私营企业调研数据的实证分析》，《改革与战略》2014 年第 30 卷第 7 期。

[126] 中华人民共和国中央人民政府网：《国务院办公厅关于印发全国深化"放管服"改革转变政府职能电视电话会议重点任务分工方案的通知》，https：// www. gov. cn/zhengce/content/2018-08/14/content _ 5313752. htm，2018 年 8 月 5 日。

[127] 邓宏兵、李俊杰、李家成：《中国省域投资环境竞争力动态分析与评估》，《生产力研究》2007 年第 16 期。

[128] 杨涛：《营商环境评价指标体系构建研究——基于鲁苏浙粤四省的比较分析》，《商业经济研究》2015 年第 13 期。

[129] 钟飞腾、凡帅帅：《投资环境评估、东亚发展与新自由主义的大衰退——以世界银行营商环境报告为例》，《当代亚太》2016 年第 6 期。

[130] 李朝：《中国营商环境评估的实践偏差及其矫正》，《中国行政管理》2020 年第 10 期。

[131] 娄成武、张国勇：《基于市场主体主观感知的营商环境评估框架构建——兼评世界银行营商环境评估模式》，《当代经济管理》2018 年第 6 期。

[132] 罗培新：《世界银行营商环境评估方法的规则与实践》，《上海交通大学学报(哲学社会科学版)》2021 年第 29 卷第 6 期。

[133] 阳军、刘鹏：《营商环境制度完善与路径优化：基于第三方视角》，《重庆社会科学》2019 年第 2 期。

[134] 张志铭、王美舒：《中国语境下的营商环境评估》，《中国应用法学》2018 年第 5 期。

［135］中国青年网:《习近平主持召开中央财经领导小组第十六次会议强调 营造稳定公平透明的营商环境 加快建设开放型经济新体制》,http：//news. youth. cn/sz/201707/t20170717_10313402. htm,2017 年 7 月 17 日。

［136］王惠雁、李桥兴:《我国大数据产业与营商环境的耦合关系和协调发展研究》,《中国物价》2022 年第 5 期。

后　记

　　本书的特色主要包括以下几个方面：从研究内容看，本书的内容体系设计呈现了立体化、全面化的特点，包括了从世界银行到中国国家层面以及中国各地方层面不同层级营商环境评价指标体系的立体化研究，这在当前类似研究中是不多见的（当前的研究普遍以世界银行指标体系为研究对象）。第二，2021 年 9 月 16 日，世界银行集团（WBG）高级管理层决定终止《全球营商环境报告》（DB）报告和数据，并宣布世行集团将研究一种评估商业和投资环境的新方法。本书的研究以这一新变化趋势为背景，内容涵盖了新世界银行营商环境评价指标体系，可以说是较为前沿的研究。第三，本书的另一个特色在于研究了我国先进地区和东北地区的营商环境评价指标体系的差异，试图从评价指标体系的角度去看影响我国不同地区营商环境建设成效的具体原因。

　　本书的完成得益于团队的努力，其中郭薇主要负责全书的策划、撰写和统稿工作，总计涉及 15 万余字；何欣颖主要负责全书的统稿和校对并主要参与撰写了第三章;崔莹心主要参与撰写了第一章和第四章;王咏诗主要参与撰写了第二章。在此,向全书作者致以最崇高的敬意!也祝福中国营商环境拥有更加美好灿烂的明天!

郭薇于沈阳

2024 年 5 月 6 日

图书在版编目（CIP）数据

营商环境评价体系研究:以辽宁省为例/郭薇等著.
—上海:上海三联书店,2024

--ISBN 978-7-5426-8747-0

Ⅰ.F127.31

中国国家版本馆 CIP 数据核字第 20245N06Z6 号

营商环境评价体系研究——以辽宁省为例

著　　者　郭　薇等

责任编辑　钱震华

装帧设计　陈益平

出版发行　上海三联书店

　　　　　中国上海市威海路 755 号

印　　刷　浙江临安曙光印务有限公司

版　　次　2024 年 11 月第 1 版
印　　次　2024 年 11 月第 1 次印刷
开　　本　700×1000　1/16
字　　数　180 千字
印　　张　13.5
书　　号　ISBN 978-7-5426-8747-0/F · 936
定　　价　78.00 元